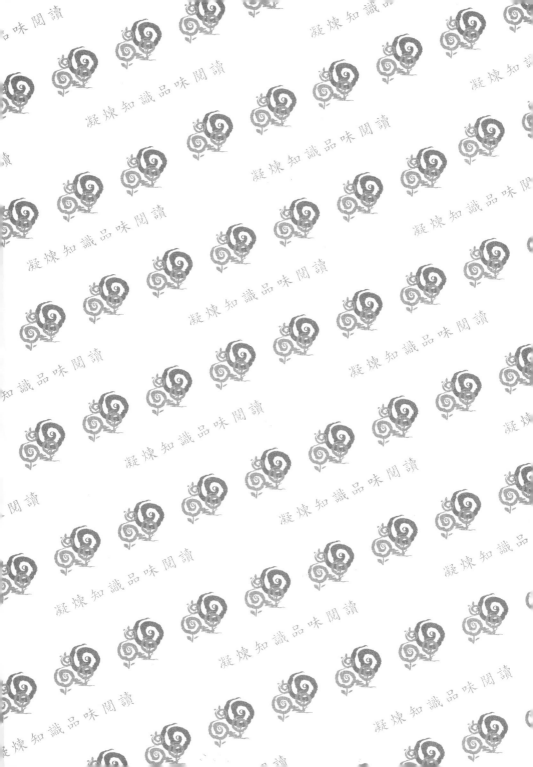

台灣收益型不動產
投資與營運管理：
建築專業跨領域學習的入門書

▎蔡清徽─────────著

五南圖書出版公司 印行

推薦序一

　　「收益型不動產投資與營運管理」係指開發商投注大量資金、興建商用大樓（辦公、商場、旅館等），採長期持有的理念，透過招商招租、營運管理之不動產管理專業作為，以期獲取長期穩定收益、達到財務自償目標的不動產投資開發模式。我國各大都會區不乏由民間開發商自行購地、投資興建的收益型商業大樓開發案；最近數十年亦有不少公有土地的設定地上權開發案，其中最為知名的有：台北101、南山廣場、交九轉運站（京站）等。此類「收益型不動產投資案」的生命週期大多會經歷土地取得與前期評估、投資招商、建築設計與興建、營運管理、後期處分等五個階段；而每個階段也都有某些特定不動產領域的專業服務需求。

　　本書作者蔡清徽女士的學經歷相當完整。首先，她取得美國知名大學的建築與都市設計之學士與碩士學位，並有建築師事務所的建築設計歷練。其後，她的職涯發展過程中亦累積了相當多元的不動產管理相關資歷與證照，如：台北市政府都市發展局的都市設計歷練、中華開發與南山人壽等之資產管理與投資開發歷練，及台北101大樓的營運管理歷練等。她的實務經驗充分涵蓋了一個收益型不動產開發案生命週期各階段所需的不動產管理跨領域專業；也代表她對於一個不動產開發案的投資開發與營運管理業務，具有相當宏觀與全面的理解與掌握，實為不動產管理專業中非常難得的跨領域專業人才。

正因為蔡清徽女士具備如此完整多元的不動產管理跨領域專業知識與實務經驗，她於二年前獲聘為國立臺灣科技大學建築系的兼任副教授級專家，為其「不動產管理」研究所學分學程開授不動產財務分析、不動產個案研究等課程，希望能讓學生更全盤地了解一個不動產開發案在「建築物設計施工階段」之前與之後各個階段的不動產管理相關業務與所需專業職能。她的課程學生選課狀況相當熱烈，授課內容亦頗受學生好評。以往分屬在不同部門，甚至不同公司的開發案評估，如今可以藉由建築從業者，根據財務模型的初步結果，動手配置可行量體，反覆模擬財務設算。這就是建築人所能提供的莫大附加價值。更重要的是，透過整合設計思考，可更有效落實好的「場所塑造」（Place-Making）。唯有成功的設計，才能集結人潮；人潮意味著集客率。再輔以準確的產品定位和招商，就能造就一個自給自足、永續經營的商業空間。

本書的內容包含：收益型不動產的基本觀念及投資評估方式；市場分析、產品定位、開發量體與財務假設；財務架構與資金來源；招商與租約架構；各類不動產（商辦大樓、購物中心、飯店等）的投資與管理；

個案介紹。對於想要一窺「收益型不動產投資與營運管理」全貌的相關科系在學學生、甚至是第一線從業人員而

言，本書可以說是不動產管理跨領域學習的最佳入門教科書，本人在此鄭重推薦。

杜功仁

國立臺灣科技大學建築系 教授

社團法人台灣物業管理學會 前理事長

推薦序二

認識蔡清徽女士，或她習慣的稱謂 Freda，匆匆也二十年以上了。由於 Freda 一直待在台灣收益型不動產業界的法人投資端的金融保險業，故對於過去三十年台灣收益型不動產的發展，有第一手經驗。收益型不動產的緣起，最早是從政府的「促進民間參與公共建設法案」（俗稱 BOT 法案）開始的。仲量聯行從早期就開始擔任政府的財務顧問，參與在政府的重大 BOT 專案中，幾個專案 Freda 也都有參與，當中首推台北 101。從聯盟籌組初期，仲量聯行就參與投資與招商顧問，而這個案子是 Freda 的老東家——中華開發，以及中聯信託連袂主導的。她參與的階段正是台北 101 緊鑼密鼓的興建期，同時間進行變更設計。這些是與購物中心的定位和招商，同步展開的。

爾後她轉戰外商壽險公司的不動產投資與管理部門，經歷過完整的投資管理，以及自用不動產管理的歷練後，於 2015 年加入了台北 101 的營運團隊，成為 101 奪得世界最高分綠建築的專案執行者。她是實務與學歷兼備。除了獲有康乃爾大學建築學士、美國哈佛大學建築暨都市設計碩士以外，她還持有台大的 EMBA 學位（會計與管理決策所），壽險與不動產相關的國際證照 FLMI、CCIM、RICS、綠建築 LEED 的國際證照等。她費了十多年的工夫，像蒐集名牌一樣地收納齊全。當然還不忘金融保險業高階主管不可或缺的內控內稽等證照，她也是一應俱全。真是令人深感佩服，若無過人的智力與孜孜不倦的好學精神，常人孰能辦到。

收益型不動產的營運，是不動產價值的關鍵因素。收益型不動產從興建完成開幕後，就進入漫長的營運期。要能穩住營收，創造市場的口碑，才能讓初期的投資回收。Freda在建築物生命週期管理的資歷完整，她從建築設計開始累積職涯，歷經都市設計、不動產投資、聯貸財務顧問、不良債權處分（NPL）、自用不動產管理、投資型不動產的營運管理等。後期再加上綠建築的專業歷練。她從業界轉任學界，是本地學生的福音。這本書雖是寫給與她一樣具建築專業背景的人士，希望拉近他們對跨入投資財務的距離感，但同業也可參考。法人投資視角的書，在市面上真的不多，因此誠摯推薦本書。

趙正義

美商仲量聯行（Jones Lang LaSalle）

台灣分公司董事總經理

推薦序三

　　我和蔡清徽女士雖未曾共事過，但和她及她的夫婿一起在教會中服事多年，也知道她在收益不動產業界多年的專業資歷。

　　收益型不動產的法人投資視角的書，在業界中不常見，因為投資者的慣例是低調守密。如今蔡女士將多年心得，尤其是跨領域從規劃設計、投資，到管理和綠建築的生命週期管理經驗發表，融會貫通了的歷年的專業心得，無私地與本地學生和業者分享。收益型不動產的投資管理是法人投資機構，特別是壽險業關切的。壽險業投資不動產，主要是著眼於長期投資。不動產的穩定收益，保值性和增值潛力，都是收益型不動產適於長期投資的特性。

　　在台灣最常見的收益型不動產有辦公大樓及零售商場。其實，舉凡有穩定收益的項目，例如旅館、倉儲物流、醫院等設施，也都屬於收益型不動產，但這些都需要特別專業的管理能力。而前三類：辦公室、零售商場、旅館，則適合財務性投資人，例如，台北 101 的發起人就是金融財務的團隊。因此這三類收益型不動產占本地投資法人不動產投資的大部分的占比。只要掌握這三種類型投資的概念，就可入門收益型不動產投資的領域。本書因此對於前三類型投資與管理，有較多的著墨。

　　由投資管理業者寫的收益型不動產書不多，且作者本身又具建築背景，早年即跨入不動產投資和財務顧問領域，多

年後轉任學界執教。相信是一本有趣的書，樂於向讀者們推
薦此書。

龔天行
富邦金控前總經理

作者序

　　台灣 1990 年代興起一波公私合作的大型開發案熱潮，它們的共同特色為具有收益性，也具有經濟與財務可行性。連帶著興起對收益型財務的重視。筆者在 1990 年初從國外建築研究所畢業返回台灣就業，在最大間的工程顧問公司建事所任職，負責高速公路和國建六年的專案設計。完成了幾個指標專案的招標文件後，轉往台北市政府歷練，接觸了台北巨蛋 BOT 招標、金融大樓 BOT、負責完成南港經貿園區和內湖輕工業區的細部計畫都市設計準則至公告完成。因著對收益型財務金融的興趣，遂決定步上信託工業銀行職涯，加入當年國內創投的龍頭——中華開發信託股份有限公司。公司在劉泰英董事長任內改制為工業銀行與金控，成為當時國內少數幾間能直接投資政府重大經濟建設和生產事業的金融機構，搭上了一波民營電廠和工商綜合區投資、融資的熱潮。從建築和都市發展的從業者，跨足收益型財務投資和政策性專案融資，仰賴的是美國研究所學習的不動產財務課程（土地開發財務）。

　　民國 83 年 7 月 22 日首次發布「工商綜合區開發設置管理辦法」，帶動了許多大型收益型不動產的開發，例如購物中心、倉儲量販的投資等。民營汽電共生電廠的投資及融資，則是因民國 80 年 10 月 11 日修正發布的「汽電共生系統推廣辦法」。另有民國 89 年 2 月 9 日首次發布「促進民間參與公共建設法」，以及「不動產更新投資信託法案」的頒布。這些法案分別從都市計畫、產業、資金管道等方面，

培養了收益型不動產實施的環境。

　　筆者躬逢其時，參與在許多形塑都市風貌的重大案件中。大案子往往因風暴而起；筆者親身經歷了 1998～1999年東南亞金融風暴。風暴期間，因身為金融機構內少數具建築與都計背景的專業，被賦予特殊土地開發專案的可行性評估重責。爾後在扁政府二次金改時，見證了金融機構的轉型。那幾年本地銀行因合併之故，欲出售抵押債權給資產管理公司（Asset Management Corporation, AMC），筆者有幸承辦第一間民營 AMC 的設立，同時承辦與眾多銀行合資成立的「金融資產服務公司」（FASC）投資案。此公司為民間法拍服務機構，可縮短資產處理的時程。AMC 與東南亞金融風暴重襲的韓國資產管理公司（KAMCO）站在同一陣線上，為銀行解決不良債權，投入金融再造的使命工程。

　　「不動產投資信託條例」及「不動產資產信託條例」在2000 年前後發布，收益型不動產財務躍上檯面，成為信託發行銀行必備的專業知識。資產證券化一時間成為人人爭第一的業務，筆者當日亦曾轉調信託部，從事金融資產證券化的業務開發與評估。

　　2008 年第四季，美國發生了無預警次貸金融風暴，波及全球。筆者任職隸屬美國國際集團 AIG 的南山人壽，首當其衝被母公司裁定出售。筆者當時是賣方不動產部門的權責主管，擔負不動產移轉的備審資料預備與管理責任。

幾次參與大型開發案件評估的經驗後，筆者逐漸意識到，收益型不動產開發是一條跨領域的專業。資金和架構只是工具。土地開發的各個環節，需要能創造價值的專業者投入，因為最終產品完成後，要擔負創造利潤的人，是資產管理者和事業營運者。他們應該在初期就要參與在收益型不動產的財務設算當中，不應讓財務分析者獨攬財務。多一些執行與管理的思維加入，能有效阻止財務分析偏頗失真，避免資產被高估而產生投資虧損。營運者需發揮平衡的影響力，而不是蕭規曹隨，因為他們擔負財務獲利壓力，需將內控、內稽、公司治理落實。

　　筆者從當年的建築設計師、都市設計業者，逐漸蛻變成為收益型不動產投資評估者和營運管理者。1998 年第一次接觸台北 101 投資案，參與它的興建期的第一次增資和第二次增資，適逢設計變更和洽詢購物中心營運者，出差赴澳洲與 Lendlease、AMP、ByVan 洽談合作。爾後轉戰金融保險業十餘年後，又在 2015 年重返台北 101，成為最高綠建築的營運者。筆者曾在它營建期間擔任海外募資者，在九二一大地震時為它在海外辛苦地說服潛在投資人，投資一棟位於地震帶的超高層大樓。哪知事隔多年後，我有機會見證它的榮景。2015～2018 年任職大樓事業處總經理營運長時，台北 101 營運績效優異，出租率達 95%。憑著對它設計的熟悉度，加上大樓工程團隊的專業度，我能快速整隊領軍為它贏得了全球最高分綠建築認證（LEED v4）和世界高層建築與都市人居

協會的「大樓效能獎」（Performance Award）。我常對建築系學生說：「財務是工具，創造價值的在於設計和營運，這才是收益不動產價值的所在。」建築從業者為都市環境的形塑者，應要期許自己，不斷提升自己以創造價值。也要以營運一個美好、活絡的人居環境為目標，不是單追逐表象的財務和獲利。

感　謝

　　致所有提攜過我，指派我負責高難度案子的主管：（依照任職工作的先後順序）曾兆麒、林欽榮、胡定吾、龔神佑、周建華、William Taam、Frank Chan、宋文琪、周德宇。感謝您們給 Freda 特別的機會歷練。

　　感謝信任我，願意與我並肩作戰的部屬團隊，沒有你們就沒有我。

　　感謝那些對我批評指教不友善的人。因你們的負面能量，迫使我更快速成長達標。

　　感謝上帝一路的帶領和保守，因萬事互相效力，叫愛主的人得益處。

目錄 ▼

CONTENTS

CONTENTS

第一章

收益型不動產的基本觀念

SUMMARY

Chapter 1. Income Properties Fundamental Concepts

Income properties are funded by mid-to-long term capital market, and they are deemed to be stable investment. Due to their investment size which often meet public listing threshold, income properties investment vehicles often adopt internal control measures to ensure proper management and periodic reporting. Income properties are usually funded by primary market investors such as investment bankers, life insurance investors, and institutional investors. Somewhat limited in liquidity and transaction, primary market investors who enter at the point of project inception are long-term investors with ability to assess project financial feasibility. Income properties, as proven by Real Estate Investment Trusts (REIT) have ourperformed MSCI index and Bloomberg Barclays bonds index for fifteen years in a row.

The nature of real estate investment demands interdisciplinary skills, spanning across architecture, construction, finance, property and general management. The designers produce the layout of the development to help the investors to reap targeted investment results.

1.1 Public project investors adhere to pratices similar to financial analysis for income properties. The method they use relies on time series calculation, a concept commonly applied to Project Finance. PF is non-recourse, and is largely used in infrastructure projects in the 1970's-1980's. PF is structured based on a set of back-to-back agreements wherein the supply end is tied to the user end via contracts for the purpose of securing future stable cashflow for loan repayment. Such is the concept used by income properties as well in real estate backed securities.

1.2 The cashflow profile of each income project is determined by the lifecycle of each income property. The lifecycle five phases of every income property are namely—Design and Construction Phase, Pre-Leasing Phase, Operation and Maintenance Phase, Operation and Capital Expenditure Phase, and Retirement Phase. The first two Phases are at the stage of investment drawdown; they are critical to securing future income. The third Phase is when property delivers steady cashflow, and the fourth Phase is when large Capex is incurred for upkeep repair. Finally, the last Phase of Project Retirement. The professional expertise for each Phase is slightly different. Throughout the Operation, the two most important functions are lease management, and property management. They ensure steady cashflow to attain target profit.

1.3 The way of calculating investment profit is different from that of corporate own-use property. These two categories are not mingled and are booked separately according to accounting practices required for financial institutions. Among them insurance companies are the most highly-regulated but with the most funds to invest in income properties.

1.4 Asset Management refers to the practice of managing financial asset. These asset may be a few bundled receivables to match a few repayment tranche. Asset managers differ from property managers in that they oversee both buildings and financial securities. Whereas, property managers manage buildings only. Asset managers manage from desktop and only survey the buildings occasionally. Property managers walk their buildings daily, and are in direct contact with their tenants. Thus, they need required certifications for building operation.

1.5 Securitization is a way of public fundraise using asset income to pay off. These asset include ABS, CMO, MBS, NPLs. Certain structurings and arrangements are necessary for public offerings. This leads to certain fixed costs for securitization since quite a few consultants are engaged to underwrite the offerings, REIT and REAT are offered as bond or equity securities. Their layered supervisory and governance requires best practice in operation and management. In fact, it is a common understanding that high-level professional practice is required to manage income properties especially those held by REIT and REAT. Income property securitization business thrives in low interest rate environment due to the fact that income properties reap limited yield; low-interest rates tend to increase real estate prices in the long run, which makes it ideal for investors to exit.

　　一般建築或營造背景的業者，可能對於銷售型的住宅開發案比較熟悉，反而對長期持有的收益型商業不動產感到陌生。在實務上，收益型不動產涉及中長期資本市場資金的募集與運用，被視為具一定程度的穩定性。因具公開發行規模，往往需建立內部控制制度、遵循財務揭露的原則。若為專案公司，收益型不動產的籌資，將是在初級市場進行的。根據台灣金管會銀行局在官網上所公布的「金融小百科」定義（2022/5/9），「初級市場」係指「資金需求者（包括政府單位、金融機構及公民營企業）為籌集資金首次出售有價證券予最初購買者的交易市場」。相對於「初級市場」，「次級市場」係指初級市場發行後之有價證券買賣之交易市場，也就是集中市場或店頭市場。簡單說來，初級市場的股票或有價證券指的是首次發行的工具；次級市場則是轉手交易的平台。

　　初級市場因流通性有限，投資人多為長期持有人，具有高度的專業性，諸如投資銀行、壽險投資法人，或特定法人投資者。他們等同是市場的先遣部隊，除了具業界領銜地位以外，在舉凡查核、估價、財務分析、敏感度測試等作業上，步驟分明，且謹守風險控管與金融法規，毫不馬虎。這是過去筆者任職多年的金融保險業普遍的情形。筆者過去曾任職投資銀行的不動產投資部門，也曾在跨國壽險公司的不動產投資和管理部門擔任過投資評估、投後管理、融資評估、資產管理（投資與自用）高階主管，深感收益型不動產的投資管理，是跨建築和財務，工程和物業管理領域的專

業。因此本書希望鼓勵更多建築從業者跨領域學習，以獲得決策分析的關鍵知識，成為不動產價值的創造者。

　　收益型不動產的初級和次級市場債券，是全球退休基金最熱衷的投資標的之一，因為它能定期孳息，亦能保本，提供退休人士所需要的收益率。從北美不動產投資信託（NAREIT）官網上的資料（2022/5/9）得知，收益型商業不動產信託占美國總體投資市場（包括債券、現金、股權等）第三大類別。他們受人青睞的原因，是因為這類產品的孳息，來自它的租金。REIT 的法令將 REIT 視為「通過型」（Pass-Thru）的信託工具，必須將當年盈餘的九成以上分配給投資人。除此之外，收益型商業不動產信託的投資，與市場上其他投資工具，例如股權或債券，連動性不大，因此是個風險分散的投資項目。

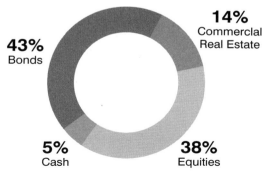

At 14%, commercial real estate is the
third largest asset class
in the U.S. investment market

43% Bonds

14% Commercial Real Estate

5% Cash

38% Equities

圖 1-1　　NAREIT 整理美國總體投資市場

圖 1-2　NAREIT 整理 2005～2021 年美國類型投資的報酬率表現，其中不動產投資信託績效最優

　　收益型商業不動產不僅具風險分散的優點，且其投資表現連續十五年超過摩根士丹利（MSCI）的股票指數，以及彭博巴克雷（Bloomberg Barclays）的債券指數。

　　有別於坊間的書討論收益型不動產時，往往從財務或法律著眼，容易陷在投資工具、銷售包裝等技術面的描述。筆者著眼於建築從業的視野，是跨都市設計、不動產財務、商業不動產營運的領域，反映了收益型不動產的多面向。在一塊素地上，要創造出一個集客獲利的「場所」（Place-Making），讓人流連忘返以致願意掏腰包消費，這需要豐沛的點子和卓越的營運能力。

第一節　公共政策帶動下的收益性營運財務觀念

　　台灣的收益性財務觀念，始於「促進民間參與公共建設法施行細則」的 Build-Operate-Transfer（BOT）案（興建－營運－移轉）。這是以一定營運期向政府承租土地，興建、營運、獲利，不具有土地所有權。期滿後，土地和建物需要無償歸還政府。因此，格外強調營運期間的獲利能力。「促進民間參與公共建設法施行細則」第 52 條第 2 項明定：「前項先期規劃，應撰擬先期計畫書，依公共建設目的及民間參與方式，就擬由民間參與期間、環境影響評估與開發許可、土地取得、興建、營運、移轉、履約管理、財務計畫及風險配置等事項，……。」（民國 110 年 6 月 16 日修訂發布）。常見的公告營運期，有三十年、五十年、七十年者，鮮有低於三十年期限的，因為不動產的折舊期限為六十年，租期過短者不利於投入資金的回收。在時間序列（Time Series）框架下的投資不動產財務評估，常以十五年或二十年為投資評估年限，期間投資要能回收，期末能處分獲利出場。反觀「促參」的公共工程所定的五十年、七十年設定地上權營運期，業者所關注的是期間營運的現金流量和獲利，並未考慮處分利得。因為營運者並非資產所有權人；營運能力的高低，才是決勝關鍵，而不是靠資產處分獲利。公共工程的投資人和收益不動產的投資人，都是「重營運價值」的投資人。

　　「促進民間參與公共建設法」（下稱「促參條例」）第 3 條規定的「中長期收益型專案」，可使用專案融資，因為專案融資也是重視營運獲利和自償性的中長期貸款行為。《投資百科全書》（Investopia）定義「專案融資」（Project Finance）：公私部門為公共建設，或任何長期資本密集專案的出資。專案融資案相較於一般融資案，在於它不具有「追索權」（non-recourse）。一旦違約了，債權人不可追索專案負責人及股東自身的資產；違約的處置，僅限於專案資產，專案的財務是與所有權人、主要股東予以分隔的。因此，在評估專案融資的可行性時，會格外注意營運能力，包括財務假設和營收預估的允當性、興建和營運合約的完善周全、營運風險的管控和移轉等事項，以確保財務穩當。

　　在國外，專案融資可追溯至 14 世紀。英國皇室從意大利銀行取得一筆借債，發展殖民地礦業。合約規範銀行在簽約一年後，具有營運管理權；銀行也可從礦區自取原物料，惟需負擔所有營運成本；而貸方皇室則不予保證原物料的品質或產量。這就是「以營運還債」的原型。在 1970～1980 年代的歐美國家，專案融資廣泛應用於輸油管和油井開鑿工程、天然氣輸送等公用事業上。在 1980 年代，由於「公用事業民營化」（PURPA）規定地方電業必須向合格電廠購電，促使民營電廠紛紛成立，此波將專案融資業務推上高峰。製造業的專案融資高峰期在 1980～1990 年代，隨著 1988 年「通用電力」（GECC）大舉擴張專案融資事業，放款的對象包括可口可樂等罐裝飲料工廠的產線設備。同時期

的高速公路、車站、交通運輸，都採用專案融資的方式。[1]專案融資是最重視營運合約架構的出資模式。

在台灣，專案融資成爲民間投資公共事業（Public-Private Partnership, PPP）、公營事業民營化的最佳工具。專案執行業者得享有一些稅賦減免的優惠措施，外資（技術提供人）也能偕同本地投資人一起合作開發。因此，專案融資架構下的合約及融資規範，往往是與國際水準齊平，例如電廠類的專案融資，需仰賴客戶簽訂長期購買合約，藉以鎖定未來的收入，並與另一端供應商的合約環環相扣（back-to-back），以轉移違約的風險。下圖係以電廠爲例的專案融資架構。專案公司在圖中央，興建期以財務和採購爲主，執行者的重點在資金控管和統籌發包、委任顧問等事宜。待興建完成後，執行者的重點爲營運，負責維護及穩定獲利的重責大任。

由於專案融資金額龐大，動輒數百億，超過一家銀行能承作的額度。融資銀行會組成聯貸銀行團承接業務，銀行團的主辦行經常也是專案融資的安排者（Arranger），與業主協議安排委外顧問。與銀行團一同的出資者，有股權投資人或其他管道的出資人。他們彼此簽有投資協議書，承諾分期分階段撥款至完工。新建投資案的最大風險，集中在興建期，也就是耗資最多的階段，此階段的支出已然決定往後全案是否能回收成本，並達到預計的投資報酬率。因此，興建預算要嚴格控管，不可輕易讓工程預算追加。

1　John D. Finnerty, *Project Financing: Asset-Based Financial Engineering*, NY, John Wiley & Sons, 1996. 4-5.

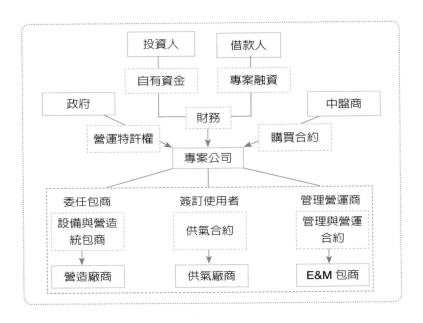

　　除了專案融資以外，大型收益型不動產投資案另一種常見的募資形式，是類似結構債券的不動產證券化資金。採取不動產證券化的資金募集者，往往是採信託機制發行，而不是發行股票。不動產信託基金的投資項目，除了不動產，也包括不動產公司的股權。不動產證券化運用收益型財務的概念，將不動產的未來收益，折現估算的一筆金額，成為投資大眾可參與投資的憑證，因此仰賴允當的未來營收和支出估算。營運者要有效把關現金流量的各個環節，例如興建期各項支出、營運期的租金收入、租金缺額備抵、營運中斷等的防患，管控各項營運費用。

　　根據「不動產證券化條例」（民國 92 年 7 月 23 日首次發布實施）第 4 條訂定，不動產相關之有價證券，其資產池（asset pool）為不動產或不動產相關的權利，自然也包括不動產擔保債權。重點是資產池要能穩定孳息，否則即使淨值和票面利率相當，實際上可能是不穩當的投資項目。

　　孳息的資產池類別，包括商業辦公大樓、購物中心、量販店、出租公寓、飯店等，因為備抵（reserve）和收益率不同，可能分為不同的投資批次（Tranche），例如辦公大樓一批，購物中心一批，飯店一批。各批次的資產管理者、經營者、投資人，都會有差異。

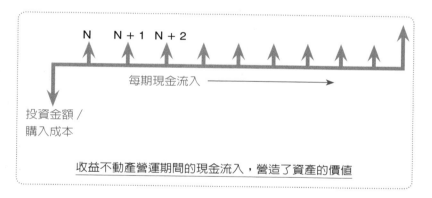

收益不動產營運期間的現金流入，營造了資產的價值

第二節　收益型不動產的生命週期特性

　　收益型不動產的生命週期，影響了其現金流量的特性。投資人或管理者，可依據建築物的生命週期，制定營運計畫。從一開始的投資決策，到投資後管理（設計營建管理、行銷招租管理、營運管理、資本支出管理、物業管理等），成立跨領域的營運管理團隊，可配合建築物的生命週期階段，擬定營運計畫和年度預算。

　　一般偏重財務的不動產投資書籍，鮮有提到不動產生命週期的概念。事實上，掌握不動產生命週期的營運管理，才是確保收益型不動產獲利的關鍵。收益型不動產的營收曲線，並非平準化的，而是有如學習曲線一般，初期因應營建和招租進度，盈收可能是緩坡或陡坡，爾後穩定。數十年後因建物老舊修繕導致資本支出增加，盈收一路遞減，直到期終退場。營運單位需依照生命週期階段（五年、十年、十五年、二十年等）編列收支預算，直到期終退場，才能確保預期的投資報酬率。

規劃設計 財務模擬 工程興建	室內裝修 招租計畫	開幕營運 招租與續約	營運維護 物業管理 資本支出	期滿退場 資產處分
1.設計興建期	2.預租期	3.營運期	4.營運維護與資本支出期	5.期滿退場

收益不動產的生命週期特性

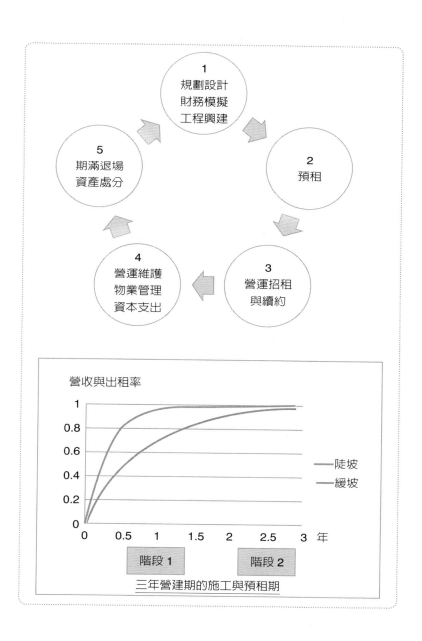

三年營建期的施工與預租期

階段 1：設計與興建期

　　投資後第一年到第二年。業者須就個案基地進行法規分析、建築量體模擬、設計及財務分析。爾後反覆修正，經過多方測試至獲得可行和預期的投資報酬率。此階段是投資專案最重要的關鍵期，時間須嚴格控管，以免造成全案延宕和利息高築。設計完畢，工程招標後的第二年到第三年左右，是投資風險最集中的工程興建期。專案的各樣風險，例如設計風險（變更設計）、營建風險（廠商債信及工地意外）、完工風險、招商風險（談判破局）等，讓專案充滿了不確定性，動輒造成預算追加，甚至產生資金缺口。此階段延宕將造成開幕時程的不確定性，勢將增加預租的困難度；倘若延後營收起算年，也勢將影響投資報酬率。

階段 2：預租期

　　開幕前的第一年到第二年。業界在估算商場或辦公室的營收時，往往採用三到四年內滿租的時程估計。隨著近年來本地市場對於預租觀念的接納，開幕前近滿租的狀態，也是可達成的。甚或如此，開幕初期的營收仍可能上下動盪，或是表現不如預期。營運初期的另一個壓力，是融資轉房貸後還款的壓力。因此，經營者應在營運初期預留周轉金（Working Capital），以免捉襟見肘產生資金缺口。

階段 3：營運期

　　開幕後的第一年到營運期結束。營運初期需調整業種、租戶組合，至平穩營收的階段。同時，建物落成後仍需調

整、修繕，配合進駐管理廠商及服務人員調整。此時不動產處於全新狀態，業者應全力培養租戶忠誠度，強調服務和管理品質；好的服務使租戶有信任感，進而使續約談判有優勢，讓續約率攀升。由於不動產設備的壽命期限，屆齡需進行設備更新，才能維持競爭力。因此，擬定資本支出的預算是必要的，以維持建築物設施安全的最佳狀態。營運期的穩定獲利，奠定了不動產的價值。

階段 4：營運維護與資本支出期

投資後第十年到第十五年，是擬定重大資本支出計畫、提升產品形象的時候了。建築物的重大設備（例如電梯、結構、高低壓電盤等）的保固，此時已紛紛到期了，需要汰換或新簽訂長期維護合約。部分公區需要重新裝修，燈具地毯需要更新，室內家具需要更換。這些必要的更新支出，是為了維持不動產的形象。有些計畫由於金額龐大，需要分年編列預算執行，例如帷幕牆、照明燈具或外牆更新。

唯有定下好的資本支出計畫，每年按比例自營收中保留一部分預算作資本支出，才能讓收益不動產維持標竿營運的水準。

階段 5：期滿退場

投資二十年以上，不動產倘有顯著增值，投資人會考慮處分獲利。這通常是為達到投資人當初設定的收益率或投資報酬率。當內部報酬率高至 15%～20% 時，需仰賴期末資產處分來達成目標。

處分資產時，最好是趁資產賣相佳，營收高，前一、二年沒有重大資本支出的情形下處分。因為資本支出會稀釋利潤，讓估值因資本化費用而降低。

生命週期的管理與團隊分工

收益不動產的生命週期營運管理，最先決關鍵的部分為租約管理。租約管理的流程，包括交付、點交進駐、裝修管理、物管服務、綠色諮詢、定期消防訓練等。與其說是租約管理，更像是租戶服務。租戶服務必須是貼近人性的服務；租約管理（Lease Management），實際上就是租戶關係管理。關係維繫得好，才能順利完成每一次的續約及擴租。

至於租戶區（Tenancy Space）以外的公區（Property Space），是屬於租約下房東物業管理的範圍，首重定期的「維護期程管理」（Maintenance Schedule）。這包括大樓各項設備的保養檢查、定時零件設備的更新等。在委任廠商時，除了價格競爭以外，尚有廠商資格、服務水準和租戶滿意度調查。A辦大樓或商場的口碑，是建立在收益不動產的「租約管理」與「維護期程管理」這兩項的品質上。「租約管理」屬於租賃團隊的轄下，「維護期程管理」屬於物業管理（物管）團隊的轄下。

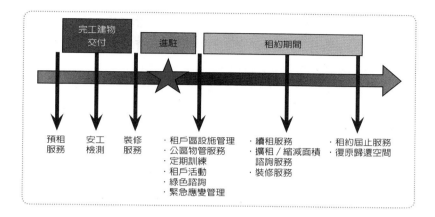

「租約管理」的期間,是從簽訂租約直到租約屆止。以市面上的 A 辦大樓而言,租約期間房東對租戶提供的軟體服務,包括上述所有的事項。

至於硬體的維護服務,下圖為「維護期程管理」對應租約應辦理的項目:

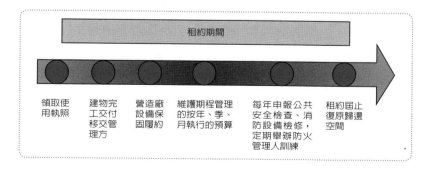

　　「維護期程管理」指的是物管團隊將維修活動平準化做標竿管理，此部分內容可納入租約條款中「承租方配合房東事項」，讓甲乙雙方的責任與義務明確訂定。妥善的「維護期程管理」，對於設備維護的資本支出管控非常重要。它呈現一棟大樓的物業管理紀律與品質，按時辦理建物公共安全檢查、消防設備維護、防火管理人訓練等事項。專業的紀律代表換約招標不誤時，以免疏漏不利於議價議約。

第三節　投資型不動產與自用型不動產的分別

　　不動產可分為投資型與自用型。這種分類方式多年來由國內外金融保險業者所沿用，目的為會計入帳科目區分，也為因應不同的權責管理單位。國際商用不動產投資法人的組織架構中，投資型不動產由利潤中心（Profit Center）的投資部門管理，當成案交易完成後轉由資產管理部（Asset Management）負責；自用型不動產往往由成本中心（Cost Center）的職場管理部門（Facilities Management）管理。我國在二十幾年前，金融保險法規尚未明確區分此兩大類不動產時，壽險公司內部的管理團隊經常是混用的，因而產生角色混淆。筆者在不動產管理的職位上曾有一個經歷，讓我了解投資型與自用型不動產稱謂混用的奧妙之處。話說一次與同仁討論購置某全棟空置建物時，對方笑稱：「倘若出租不掉，我們就把它當自用好了。」試問，投資是為了將本求

利，一旦轉成自用不動產，除了收益歸零以外，反而還增加內部支出費用。那麼，原先估計的收益應算在誰的帳上？一開始投資或自用資產兩者的分野是模糊的，但不久後在「國際財務報導準則」（IFRS）發展趨勢下，兩者就嚴格區分了。兩個部門的工作職掌先明確定義後，接著進行資產分類，全棟或分層的投資型不動產，一律要追蹤績效。無論是投資或自用不動產，在購置前都需要提評估報告，經核准後始得為之。投資型不動產的評估以淨現值、投報率為核准考量；自用型則需經過內勤空間需求評估，再擬定個案分析（Business Case），提報資本支出預算申請。

　　壽險公司為國內收益型不動產最大的持有人。壽險龍頭的國泰人壽、新光人壽、南山人壽、富邦人壽等，都會持有一定比例的投資型不動產。壽險業早年發行的儲蓄型壽險保單，利率偏高，在長期利率走下坡的趨勢下，壽險業需要另覓對應利差的投資項目。而不動產收益被視為保本投資，收益率又較平均放款利率高。雖因折舊需提列攤提費用，但不動產長期穩定孳息的特性，加上處分時幾乎都能獲利，讓它備受壽險業者青睞。業者心照不宣的另一點，持有大型收益不動產，有助於企業形象。當都市沿街頂著企業招牌的新穎大樓落成時，不免予人該企業集團根基永固、信守承諾的印象。國內排名前幾家的壽險集團，旗下都有相關的建設公司，負責建設營造，也有百貨零售、旅館等。知識分享讓既有的壽險公司、產險公司、證券公司，能產生綜效。

　　本地的外商壽險公司在 2000 年後，依金管會規定由先前之一般會計原則轉換至 IFRS，第二階段於 2003 年正式起開始採用 IFRSs。此準則為「國際會計準則理事會」（International Accounting Standards Board, IASB）所發布，其中法條 IAS 36 規定，自 2004 年起，每年做「資產減損測試」（Asset Impairment Test）。根據 IFRS 官方網站說明，「資產減損測試」的精神，是避免帳面上持有資產的價值，較市場價值為高。因此，倘若帳面價值較市值高，資產就必須做減損。

　　這還引發一個問題。過往的自用不動產多是以成本法入帳，但若以市場租金設算自用不動產的投資報酬率，結果將會偏高。究竟要如何設算自用不動產的收益率呢？

　　自用不動產的租金設算，是依照財務會計部門設定的「目標投資報酬率」（Target Profit Rate, TPR）設算自用的租金。而投資型不動產的租金，則是以實際簽訂的合約，輔以年化收益的調整，將免租裝潢期和特殊免租的約定平準化，避免影響租金收益率。由上述可見，收益型不動產的分類和管理，必須要符合會計規範，從投資之初就分屬不同科目，彼此不予混合計算。壽險公司的收益型不動產管理，強調專業、操守，兼備財務和建築工程的能力，視覺和時尚的嗅覺也需兼備。

　　壽險業持有不動產的途徑，有直接投資和辦理不動產抵押放款二種。資金運用受下列規範：

一、即時利用，具收益率，限期完成開發，禁止轉賣

依保險法第 146 條之 2 第 1 項所定，收益率和出租率需年化計算。金管會也訂有「保險業辦理不動產投資有關即時利用並有收益之認定標準及處理原則」，規範保險業投資不動產應符合即時利用並有收益原則，應符合之出租率、收益率標準及最低持有年限，素地者並應於一定期限內完成開發獲取收益，且不得短期買賣。保險業依現行法令無法投資開發型住宅。

二、保險業辦理不動產投資自律規範

除上述規範以外，另針對免租期，得排除於收益率及出租率計算，期間不得逾租期之百分之十，十年租約的免租期最多以 6 個月為限。此外，計算收益時，需以不動產之帳面價值作為成本（分母），以當月含稅之租金收入為基礎（不扣除稅額及費用相關成本）。這是計算年化收益率的方法，收益率原則上應要高於資金成本率。至於出租率，則以可出租總面積為分母，以當月簽訂租賃契約之面積為分子，計算出租率。「自律規範」明定「承租意向書」（Letter of Intent, LOI）不得計入出租率；自用不動產亦被排除。「自律規範」同時明定委任估價師、開發團隊的資格、開發報告的內容等資訊的揭露。

截至 2021 年第三季，因疫情影響導致不動產收益率整體滑落。過去十餘年來，金管會對於壽險業不動產的收益率要求，從 2010 年的 2.5% 光景，幾次調降後至當前的

2.095%。金管會隨後更放寬採「群組整體認定管理」，適用群組認定者爲連續五年（60 個月）即時利用，且收益率達基準利率加五碼的不動產者。符合此規定者，可由業者自己追蹤管理。至本書截稿爲止，壽險業投資不動產的資金，總金額爲 1.35 兆元，占壽險資金的 4.59%。

　　承上所述，壽險業無疑是擁有最多資金能投入收益型不動產的投資者，惟衆多法令約束限制之下，至今壽險投資不動產的部位，仍非常有限。然而，投資個案規模龐大，動輒上百億金額，極具指標性。2020 年五大筆土地交易，前三名皆爲壽險業者包辦，足可見其對市場的影響力。

　　至於商業銀行投資非自用不動產，金管會基本上持反對意見。民國 104 年 7 月 23 日頒布「商業銀行投資不動產辦法」，禁止銀行持有非自用不動產。即使投資自用不動產，也僅限於行舍、營業用倉庫與營業用辦公室。單棟自用不動產的認定，以自用面積達百分之五十以上爲準。銀行購入土地，持有時間不得超過二年；若計畫建造自用不動產者，持有土地最長得爲七年。民國 108 年 4 月 17 日增訂，投資非自用不動產總金額，限於銀行淨值百分之二十，且不得超過不動產之淨值。

第四節　資產管理

　　「資產管理」（Asset Management）在業界通常是指管理「投資型不動產」，與「職場管理」指管理或代理「自用型不動產」有別。「資產管理」有別於「物業管理」（Property Management），在於「資產管理」有整批「資產池」的意涵，包括財務性資產。「資產池」有「整包」（bundle）的概念：一「包」可以有好幾批，例如一棟不動產是一個資產，也是一批租約的「應收帳款」；一批可孳息的不動產受益憑證；一批按月進帳的抵押貸款等。管理資產的人，要會管理債權、會買賣固定收益投資憑證或債券，也要會解析大盤，解讀景氣，才能決定買賣不動產的時機。在次級市場交易的債券或憑證，跟股票市場是有連動性的，也與利率走勢有關連。

　　資產管理人轄下物業甚多，實務上會將物業管理委外。因此，他未必需要像物業管理人那樣在不動產內走動頻繁，或以「期程管理」為例行公事。

　　資產管理人需要熟悉財務報表工具，擬定全年預算，每月追蹤資產池的進帳和出帳、差異分析，並且執行資本支出和資產處分。作為委任業主，他要能掌握物業管理的工作，尋找適任的廠商，審核人員資格，不定時稽查轄下各據點。另外，他也負責主要租戶的招租和談判業務。資產管理人是擔負資產的穩定孳息和期末獲利處分的責任。因此，他在眾多的資產當中，要依照資產管理處分策略，編列盈收與支

出（Profit & Loss）預算，這也包括了重大設備的重置成本（Capital Expenditure, CAPEX），一切再投資的決策、建築物拉皮或都市更新等事項。也要排定處分不動產的期程。

　　相對於資產管理人，物業管理人是被委任方，可負責單棟或數棟建築物的管理，他要針對合約所載，制定管理計畫。物業管理人須符合「公寓大廈管理服務人管理辦法」所訂之「服務人管理辦法」，具備「公寓大廈事務管理人員」和「公寓大廈技術服務人員」證照（包括防火避難設施管理人員、設備安全管理人員兩類）。管理人員負責事務、財務、設備設施安全維護以外，也須負責修繕和裝修管理。因此他需具備勞工安全衛生相關的證照，甚至建築裝修執照、水電維修證照等。

　　物業管理人不一定面對投資人或股東，但他會面對使用單位承租人，向他們提供各樣的服務，舉凡清潔、保全、維修、櫃檯等，並例行向政府申報等。以一般商業辦公大樓而言，物管的面積可分為公共區和租戶區。公共區域的服務事項與傳統物業管理公司類同，而租戶區則受租戶委任，以打掃為主，亦可能涵蓋裝修工程和職場設施管理（Facilities Management）等內容。

第五節　證券化工具

　　證券化的孳息來源是「資產池」，也就是不動產加上金融資產。「證券」是指受益證券，乃是以可產生現金流入的資產作為擔保，設計並發行售予投資人。台灣有開放金融資產證券化及不動產證券化兩類。金融資產是例如商業不動產抵押債權（Collateral Mortgage Obligor, CMO）、房貸債權（Mortgage Backed Securities, MBS）、不良債權等（Non-Performing Loan, NPL），在華爾街投資銀行圈內頗為風行。概念是將一整包應收帳款，在計算未來收益的現值後，分批包裝發行。由安排行洽訂受託行和承銷商發行。

　　而不動產證券化又分為不動產投資信託（REIT）及不動產資產信託（REAT）二種。前者發行架構類似共同基金，後者的發行架構類似金融資產證券化，將不動產移轉與信託業，以特定目的信託（Special Purpose Trust, SPT）向不特定人募集發行或私募交付不動產資產受益證券。不動產受益證券的另一吸引力，即投資人可享有不動產處分的獲利分配。

　　證券化的架構如下：

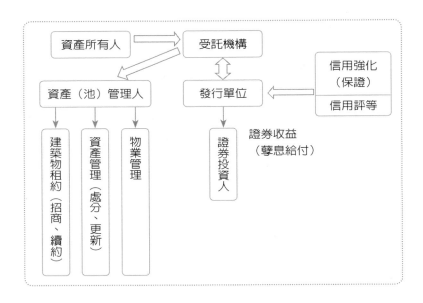

發行證券有其固定成本，因需要聘請許多顧問，例如受託行（法令規定證券化的資產須予以信託登記，做財產保全）、會計師、律師，對合約和資產內容進行查核，視必要性增加信評機構做信用增強。參與的顧問眾多，發行成本稍高，故發行證券有經濟規模的考量，動輒數十億元，甚至上百億元。不動產證券化標的的挑選，多是具有長期租金收益的不動產。

總結上述，從投資人和營運者的角度而論，證券化有幾項特色：

1. 以國外證券化經驗而言，投資憑證的表現，優於大盤。

2. 租約和委任合約制式統一，利於管理。

3. 委任一流的管理單位，維護及創造建築物的價值。

4. 低利率的環境有利於證券發行。此工具也被認為是可抗通膨的工具。

綜觀本章，台灣收益型不動產的財務概念，是在 1990～2020 年這三十年期間，因著政府吸引民間參與公共建設，開始重視財務而興起的。過去的年代，土地開發始終維持著傳統的營運模式——以短期買賣來評估投資報酬，而不是以中長期現金流量來評估報酬率。轉變的契機，乃伴隨著 20 世紀末幾個重要的法案，包括「促參法案」、「工商綜合區法案」、「都市更新投資信託條例」、「不動產證券化條例」等。

越過 21 世紀，台灣的二次金改帶動銀行清理抵押權貸款的腳步，會計報表對資產的允當表達訴求，使後安隆時期的銀行與大型公司，全面導入 IFRS。另一方面，長期貨幣寬鬆低利的環境，迫使保險公司要為資金找中長期出路。政府透過頒布「不動產投資信託條例」與「不動產資產信託條例」，為規範最嚴謹的金融保險業，提供不動產長期營運、持有，與資產活化的方式，將不動產中長期收益型財務工程，全面導入金融保險業等法人機構手中。

財務設算和現金流量估算的確實性要求，帶出另一個過去被忽略的重點——資產管理與物業管理。唯有良好的營運管理才是確保投資回收的不二法則。收益型不動產專業已然成熟，各項法令皆備，工具與觀念暢通，可期望未來大資金的擁有者，持續投資收益型不動產，而管理的專業要求，亦將與時俱進得到提升。

第二章

收益型不動產的投資
評估方式

SUMMARY

Chapter 2. Income Properties Investment Analysis

Financial softwares make investment analysis a matter of key-in and output. However, on closer observation, such ready softwares often do not offer the benefit of customization in situations wherein non-conformance to the formats of reporting occurs. In cases of complex financial structurings where each investor requests for his or her own investment data, softwares are unable to produce discretionary infos. These are the reasons why institutional investors always build their own financial models for advanced analysis.

2.1 Time-Series Discounted Cashflow (DCF) and Financial Indicators: Net Present Value (NPV), Internal Rate of Return (IRR). Based on Taiwan Appraisal Guideline, three methods commonly employed in real estate appraisals are Income Approach (including Capitalization Method & Discounted Cashflow, DCF), Cost Approach, and Land Development Method. DCF is a way to calculate present value based on future income cashflows which are discounted to present to account for inflation. There are two financial indicators used to discern performance—Net Present Value (NPV) and Internal Rate of Return (IRR). When calculating NPV, a discount rate is used. Discount rate is the risk-free rate, equivalent to long-term government issued bond rate, slightly higher than bank deposit interest rate. In each institution, Finance and Accounting department periodically calculate Weighted Average Cost of Capital (WACC) to derive a corporate minimum profit rate. Internal Rate of Return is the return of each income-driven project which should be higher than discount rate, or WACC. IRR represents the discount rate that makes the NPV of future cash flows equal to zero. The basis of IRR calculation is Net Operating Income (NOI). NOI does not take into consideration of depreciation expense. Hence, it is an evaluation for management performance. All the factors underlying NOI pertains to professional performance which adds values to growth factors such as leasing, revenue, and management expertise. The same management expertise controls expense items such as management fees, costs, etc. All of these are time specific; timeliness makes successful business operation and delivers profit.

2.2 Non-Time-Series Investment Analysis: Market Capitalization Method, Return on Asset (ROA), and Return on Investment (ROI). These indicators evaluate performance at a point in time, based on a set of income figures. Market capitalization rate, or Cap. rate, is simply NOI divided by acquisition value. In practice, Cap. rate is determined by annual rental divided by acquisition value due to negligible expenses. Naturally, Cap. rate is compared to bank interest rate or to yield rate of any investment. For the buyer, the higher Cap. rate the better, so as to buy low. For the seller, the lower Cap. rate the better, so as to sell high. However, cap rate is benchmarked, and comparable among similar cities. They are also real estate category specific; office cap. rate differs from hotel cap. rate or shopping mall cap. rate. Cap. rates are more often agreed upon by both the buyer and seller at the point of signing the sales contract. Return on Asset (ROA) equals NOI divided by total Asset value. Asset is not discounted but depreciated over time. This accounts for the difference between ROA and ROI. ROI is based on total amount invested, whereas ROA is based on net asset value at a point in time.

2.3　Capital Expenditure (Capex) Decision

Capex is also a form of investment involving cash output, only that the accounting ledger is different. Investment items is booked under Investment ledger, Capex is booked under Cost ledger and is evenly amortized throughout the depreciation period. Each institution undertakes its own decision analysis of Capex in the form of Business Case to justify budget.

Real estate renovation Capex occurs at the point of

relocation or new office set-up, when deciding places to relocate or buy or sell options. The Business Case gives the reason justification for Capex, providing the aggregate of each option and respective financial impact, based on future Cashflow NPV differences. In some situations, business production increase may be used to supplement explanations.

2.4　Public Project Economic Analysis

Public project uses the same set of financial analysis in undertaking the feasibility of a project. On top of NPV and IRR, each project is required to present a Self-Liquidating Ratio (SL ratio). It is equal to PV of NOI of all future cash inflows divided by total CAPEX outflow during construction. It is free of depreciation expense, but includes CAPEX and equipment expense deductibles over the total years of operation. For public projects, profit weighs secondary to debt service. There is Debt Service Coverage Ratio (DSCR), normally a 1.2-1.5, greater than 1, to ensure debt coverage first. The financial stability of a project also depends on Debt Equity ratio (D/E), normally capped under 3-4. Interest coverage, though minor, is presented to ensure loan does not default. DSCR is calculated using EBITDA (Earning Before Interest, Depreciation, Amortization) divided by Loan Repayment. The more the better, and at a minimum above 1.

2.5   Service Benchmark

The aforementioned financial projections must be backed by none other but sound operation. When the income property is transferred from the owner to thy operator, the clock starts ticking to deliver NOI performance. Two major items—income and expense are budgeted and adhered to ensure P&L on target. The annual budget is broken down to monthly achievables and followed diligently. The first thing is to determine the leasable area which is comprised of common area and net leasable space. The common area factor cannot exceed say, 40% of the building area or the building runs at a disadvantage on Efficiency Ratio. Leasing tenants share common area utilities, but not utilities of vacant space or special shared functional areas. The operation costs are compared against management fees collected every month. As a practice, approximately one third of the monthly management fees collected will go towards cumulative reserve for future Capex. Furthermore, due to shift rotation nature of property management, there is economy of scale in this business. In average, a team of 7-8 people at minimum is required to manage a building, resulting in monthly expense of over one million NTD inclusive of utilities fees. This amounts to 10 to 12 million

NTD per year. This translates into a unit management fee of NTD 280-320/m/ping and 3,300 ping floor area at the minimum. At such a level, tenants have high expectations in both the facilities and serices. Benchmark facilities will need to be planned prior to construction─sprinklers on every floor, low RTT elevators, E&M, A/C, fire extinguishers, window-cleaning gondola, UPS, CCTV, etc., to name only but a few on the list. On the service side, there should be KPIs linked to client satisfaction surveys based on service quality, event feedback, CAPEX execution, incident management, etc. Repair and maintenance, as a major part of property management, should follow maintenance schedules and contract renewal schedules. A well-controlled schedule will not run into contract overdue which leaves the owner at a disadvantage of contract negotiation. Tenancy renovation service is a bonus service offered to tenants. Budget control for renovation work ought to follow standard practice and procedures. It starts with Facilities Requirement Assessment calculated based on area per head. Then cost budgeted based on established unit cost per ping. The procedure must adhere to fire code and all of the bylaws. All of these calls for professional expertise in execution, the only way to ensure quality operation and management of income properties.

　　前一章談了收益不動產在台灣發展的起源，介紹了收益不動產具有生命週期的進場與退場收支曲線，因此管理收益不動產須具備高度的專業，以業界標竿為訴求，抗通膨、永續經營。資產管理的「資產池」，可類比收益不動產的一整包「應收帳款」，獲利來自大樓的租金扣除支出。因此導入「期程管理」，是控管收支金流，確保財務紀律和有效獲利的方法。

　　本章將討論收益型不動產的財務分析。此部分主要介紹不動產業界慣用的財務模型，但實際上國外投資與管理業者也常使用套裝軟體（例如 Argus），但軟體是以單棟不動產為計算基礎，適合單棟的續租約與物業管理。倘若涉及多棟及複雜的貸款或資金架構，則此套軟體將嫌不足。

　　本章著重財務觀念與原則。第四章、第五章、第六章，將介紹不同類型的收益不動產，例如商業辦公大樓、購物中心、飯店的投資與管理。隨後在第七章專章介紹 20 世紀的大案「台北 101」與工商綜合區購物中心案的代表案「京華城」。

第一節　時間序列的折現法（DCF）財務指標：　淨現值（NPV）、內部報酬率（IRR）

　　依據「不動產估價技術規則」（民國 102 年 12 月 20 日修訂），不動產的估價方式有收益法（包括直接資本化法、

折現現金流量分析法）、成本法、土地開發法等。成本法的價值估算，分爲土地加建物兩部分。而土地價值會參考周圍相似條件的最新成交價。

　　本節介紹收益型不動產投資常採用的「折現法」，這是將各種不同的投資專案轉化爲相同比較基礎的方法。折現法將未來營運獲利換算或現值的做法，實爲肯定投資者透過營運管理，創造價值的能力，也意味著收益型個案的價值是立於中長期營運。

一、「折現法」（Discounted Cashflow, DCF）

　　又稱「未來價值現值法」（Present Value of Future Cashflow），是一種以時間序列（Time Series）年化計算投資報酬率的方法。時間意味著通膨，資金在時間中是具有成本的；同樣金額的未來值比現值低，因此延遲花費就是節省錢。例如 2 週後的 1,000 萬元，比現在的 1,000 萬元還要少，因爲 1,000 萬元存在銀行內，會產生孳息。「折現法」是將未來的金錢折算回現金價值的方法，也是投資人考量利息和通膨影響下的獲利能力。從「折現法」當中，有兩個常用的投資財務指標，一爲「淨現值」（Net Present Value, NPV），另一爲「內部報酬率」（Internal Rate of Return, IRR）。「淨現值」爲絕對數值，一段期間內淨獲利的現值計算；「內部報酬率」爲一段期間內扣除成本的報酬率。

二、折現率（Discount Rate）

根據 MBA 智庫百科定義的折現率爲「沒有違約風險的報酬率」，歐美國家一般參考國家發行的長期公債利率（例如美國三十年期）。惟本地或參考公債利率，或參考銀行的定存利率；這些都是單利，未包括再投資的報酬率。各公司財會部門會計算出「加權平均資金成本」（Weighted Average Cost of Capital, WACC），作爲投資報酬率的基準。

三、淨現值（Net Present Value, NPV）

一種將未來每期流入的淨現金與初期投入的資金相抵後，求出現值多寡的投資評估方法。等同是未來每期淨利折現後，扣除期初投資的現值。其公式如下：

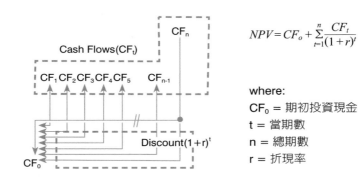

$$NPV = CF_o + \sum_{t=1}^{n} \frac{CF_t}{(1+r)^t}$$

where:
CF_0 = 期初投資現金
t = 當期數
n = 總期數
r = 折現率

四、內部報酬率（Internal Rate of Return, IRR）

根據 MBA 智庫百科定義，「內部報酬率」爲未來現金流入的現值相等於未來現金流出現值的「折現率」，換句話說就是投資方案淨現值爲 0 的折現率。

$$\sum_{t=0}^{n} \left[CF_t - CF_0/(1+r)^t \right] = 0$$

CF$_t$＝當期流入現金
CF$_0$＝期初流出現金
r＝折現率
n＝總期數

　　收益不動產採用的「折現法」，是以現金爲基礎（Cash-basis），方法上與會計採用的稅前損益不同。現金基礎的計算是採用「營業淨利」（Net Operating Income, NOI），不計入折舊。它的邏輯是以營運績效決定收益的表現，不包含每期折舊和貸款費用等與營運不直接相關的因素。計算「營業淨利」的步驟如下：

1. 預估各期逐年的營收。

2. 預估各期逐年的費用。

3. 營收減費用，列出各期的 NOI。

4. 列出期初分年投入的成本，在營運年之前，然後以 Excel 函數 IRR 拖曳儲存格，找出 IRR。

5. 輸入折現率，從上述同樣數值列，以 Excel 函數 NPV 拖曳儲存格，找出 NPV。

　　這兩項指標以 MS Excel 操作，簡單許多，但挑戰在於如何準確的預估盈收。背後的諸多假設——收入面的參數例如進駐率、營收成長、租金和抽成，以及支出面的參數例如

營收折讓、銷貨成本、管理費用、仲介費用等。預估有其邏輯，通常以營收的一定百分比計。數據的背後，涉及收益不動產的產品定位、零售抽成搭配底租的混合比例構成等營運細節的要素，最重要的是執行時程的準確性，是否能順利如期完成招商。

　　如前述，「折現率」不等同於拆款利率或定存利率。WACC 也就是投資單位的資金成本。資金成本內含機會成本的意涵；若不做此投資的話，資金可移做其他投資的獲利率。

WACC＝W1K1＋W2K2＋…＋WnKn
W1：第 1 項資金占總資金比例
K1：第 1 項資金取得成本

例一、計算 WACC

　　資金的用途有四成投資股票，一成投資優先股（或稱特別股），五成向銀行借貸，這些資金用途的成本如下列：12%（股票）、10.94%（特別股）、7.05%（銀行借款）。因此，加權平均的資金成本率為 9.419%。

	稅後資金成本率	占資金總額權數	加權資金成本率
普通股	12.00%	40%	4.800%
優先股	10.94%	10%	1.094%
舉債融通	7.05%	50%	3.525%
加權平均資金成本率			9.419%

例二、NPV 的計算案例（一）

　　在當期 0 年有投資支出 $14,000（既有的標的物）。假設交易後第一年租金收入爲 $6,000、第二年 $7,000、第三年 $7,000。請問淨現值爲多少？

	8%	0	1	2	3	4
PV	17,113.75		6,000	7,000	7,000	
NPV	3,113.75	-14,000				

　　未來三年的租金，以折現率 8%，函數 NPV 拖曳 Excel 表格欄 0～3 年數列，爲 $17,113.75。扣除投資成本 $14,000，淨現值爲 $3,113.75。淨現值爲正數，代表是一個可獲利的案子。折現率等同是獲利正負「0」的投資底線。在此底線之上，還可獲利 $3,113.75。

例三、NPV 的計算案例（二）

　　在當期 0 年有投資支出 $10,000（既成的標的物）。假設交易後第一年租金收入爲 $2,500、第二年 $2,500、第三年 $8,500。請問淨現值爲多少？

	9%	0	1	2	3	4
PV	10,961.34		2,500	2,500	8,500	
NPV	961.34	-10,000				

以折現率 9% 設算現值，函數 NPV 拖曳 Excel 表格欄 0～3 年數列，為 $10,961.34。扣除投資成本 $10,000，淨現值為 $961.34。這是可獲利的案子。

例四、IRR 的計算案例

前述例二顯示，折現率 8% 時，淨現值為正值，因此報酬率一定比 8% 高。至於高多少，則需要計算 IRR。以函數 IRR 拖曳 Excel 表格欄 0～4 年，求出 IRR 為 19.61%。

		0	1	2	3	4
IRR	19.61%	-14,000	6,000	7,000	7,000	

比照辦理，前述例三的 IRR 為 13.29%。

		0	1	2	3	4
IRR	13.29%	-10,000	2,500	2,500	8,500	

NPV 與 IRR 兩種財務指標，是預估收益不動產未來長期獲利經常採用的評估方法，兩者需彼此搭配雙管齊下。IRR 會因正負擺盪，被 Excel 誤判，因此加上 NPV 多一項參考，更利於決策。然而，投資報酬率和淨現值，也只是考量之一。有些投資人更重視開幕後立即有穩定的現金流入，或零資金缺口風險，或回收期限（Pay-Back Period）的長短。但 IRR 數據仍不失為一個有效與同類型投資評比的標竿數據。

第二節　非時間序列的投資評估方式：市場還原法（**Market Capitalization ethod**）、資產報酬率（**ROA**）、投資報酬率（**ROI**）

　　除了時間序列的評估方法以外，另有非時間序列的評估方法。這是單以一個時間點計算投資報酬率，也是一般不動產投資者常使用的計算方式，同樣適用於收益型不動產的投資評估，優點是簡單易操作。

　　首先，「市場還原率」（Market Capitalization Rate, Cap. Rate）是以租金換算市場價值而求得的係數。市場價值及建造成本雖為不動產價值的重要依據，但租金的水準仍是收益型不動產價值的主要決定因素。此方法可避免閒置資產被高估的情形。不同類別、地區的「市場還原率」可相互比較，以了解當地不動產市場的概況。

一、市場還原率

　　以全年 NOI 為分子，除以分母「市場價值」，獲得「市場還原率」。以租賃型商業辦公室為例，NOI 與實收租金的差異不大，因為固定物管費用是以另收取的管理費支應。因此，「市場還原率」也可直接以租金除以市場價值計算。

```
市場還原率（%）＝營業淨利（NOI）／市場價值
營業淨利（NOI）／市場還原率（%）＝市場價值
         或
市場還原率（%）＝租金／市場價值 ×100%
```

　　「市場還原率」是一個類投資報酬率，從投資者（買方）的角度來看，數值越高越好，以 7%、8%、9% 而論；但從資產處分（賣方）的角度來看，數值越低越好。在租金水準持平的情況下，「市場還原率」的差異來自資產買價。越低的買價，市場還原率越高，即買方報酬率越高。

　　每一個國家、每一個城市的「市場還原率」都不同。本地商用不動產市場的供需情形，影響了租金行情，但未必會影響市價。租金與市價的關係較為複雜，不若租金與空置率的關係直接。收益不動產的市場顧問，固定於每季、每半年、每年追蹤各類型不動產的租金和售價行情，換算「市場還原率」，整理成市場報告與業界分享。對於收益型不動產的投資人而言，在期末處分不動產時，「市場還原率」是個有效的市場行情參考。買賣雙方可以商議從最近一季或一年的營業利益，除以雙方同意的「市場還原率」，約定買價或賣價。

例一、以市場還原率計算不動產買價

　　投資人欲購買一個 NOI $800,000 的標的。根據以前的投資經驗，台北區域的「市場還原率」2.5% 來算，請問買價應該是多少？

　　$800,000 / 2.5% = $3,200,000

　　雙方再議買價是否含不動產交易成本（仲介費、印花稅、增值稅）和所得稅。

例二、以市場還原率計算不動產租金

　　一棟以 $5,000,000 購買的新北市住宅，以同樣的「市場

還原率」設算，租金獲利為多少？

$5,000,000×2.5\% = \$125,000$

這是年化租金收入，除以 12 個月及租賃坪數，可求出商業辦公大樓單坪的月租金。

例三、以某市場調查顧問出具「市場還原率」報告，查核與實際是否相符

以市場調查顧問（例如 Knight Frank、Colliers）發布的「市場還原率」為基礎，比較實價登錄最近成交的商辦租金。再以市場還原率的區間值 4%～7%，對照實價登錄的每坪價格。再從查核結果調整「市場還原率」的值。

ASIA-PACIFIC CAP RATES

Cities	Sector	Cap Rate	Trends
China Tier 1	Office	4.7%	Stable
	Retail	5.5%	Stable
	Industrial	5.5%	Stable
Seoul	Office	4.5%	Stable
Hong Kong	Office	2.0%	Stable
	Retail	2.7%	Stable
	Industrial	3.4%	Stable
Tokyo	Office	3.6%	Favorable
	Retail	4.5%	Stable
	Industrial	4.5%	Stable
Manila	Office	5.9%	Favorable
	Retail	7.1%	Stable
Bangkok	Office	6.5%	Stable
Kuala Lumpur	Office	6.5%	Unfavorable
Greater KL	Retail	6.5%	Stable
	Industrial	6.8%	Favorable
Singapore	Office	4.0%	Stable
	Retail	4.7%	Stable
	Industrial	6.2%	Unfavorable
Jakarta	Office	6.5%	Unfavorable
	Retail	8.0%	Stable
Sydney	Office	4.6%	Favorable
	Industrial	5.5%	Favorable
Melbourne	Office	4.7%	Favorable
	Industrial	6.3%	Favorable
Perth	Office	6.5%	Favorable
	Industrial	6.8%	Favorable
India Tier 1	Office	8.6%	Favorable

Source: Knight Frank Research (as of 3Q 2019)

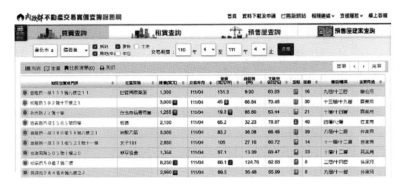

（內政部實價登錄網站）

二、資產報酬率（Return on Asset, ROA）

常用的投資報酬率指標之一，為資產報酬率。

NOI／總資產 ×100% ＝ ROA

三、投資報酬率（Return on Investment, ROI）

ROI 的計算與 ROA 的主要差別，在於 ROA 有折舊遞減淨值的效應，而 ROI 沒有；ROI 總是根據原始投入金額計算。

以上三種計算方式，都沒有折現的觀念，是一種固定時間點的評估方式。

第三節　營運資本支出（Capex）的決策管理

在上述兩種收益型不動產投資評估方法以外，企業投

資人還有一種投資評估方法，適用於新營業點的裝潢資本支出。企業的營業據點資本支出動輒數億元，可分年攤提。此外，也能增加不動產的價值，是再投資的項目。下列資本支出評估方法，常為大型不動產投資法人，例如金融保險業所使用，以確保決策品質。

相對於投資不動產以 NPV 和 IRR 評估投資報酬，自用不動產的評估不採用 IRR。不論是租或買，在選擇地點搬遷時，都是以累計 NPV 的差異及多寡，從各個擇點選項（A點、B點、C點等）中做出決策。此方法又稱為「個案分析」（Business Case）。內容包括：

1. 說明為何此資本支出預算為必要。

2. 各個可行方案或選項的計畫成本。

3. 設算各方案與各選點之成本效益，例如執行裝修後之租金差異 NPV 分析（以七至十年現金流量），或各擇點選項租金差異的 NPV 分析。

4. 綜合上述成本效益分析後，建議最有利的資本支出個案（Best Case）。

案例、老公寓裝潢資本支出方案抉擇

一棟四十年老公寓的租金收益，約等於市場還原率 2%，比市場顧問提報的「市場還原率」2.5% 還要低 0.5%。房子市值 500 萬，每年租金收入等於 10 萬元。

500 萬 ×2% ＝ 10 萬

換算每個月租金爲 $8,333。公寓面積 20 坪，因此每坪租金爲 $417。以區域行情而論，堪稱合理。

原租戶決定到期不續租。房東希望再次招租時能提高租金。但考量屋齡老舊常需要修繕，爲避免日後因修繕問題產生紛爭，決定仍以同樣租金讓熟人承租公寓，代爲維護管理房子，分擔每月管理費和水電費。

老舊房子需要翻新改造，才能提高租金水準。房東在考慮資本支出時，決定進行財務評估，以確認最佳方案。

1. 房東考慮撥預算 50 萬元，進行廁所和廚房周邊的裝修。投資計畫期五年，試算是否值得進行此項投資。

首先，以投資前的年租金收入 10 萬元試算。

廁所修繕	2%	0	1	2	3	4	5
修繕前 PV	$471,346		100,000	100,000	100,000	100,000	100,000

以折現率 2% 計算，五年的折現值（Present Value, PV）爲 $471,346。

再者，以投資後租金調漲，由原先 417 元／坪增加至 900 元／坪，設算 PV。租賃面積 20 坪的月租金升爲 $18,000，年租金升爲 $216,000。以折現率 2% 計算，五年的 PV 爲 $1,018,107。

廁所修繕	2%	0	1	2	3	4	5
修繕前 PV	$1,018,107		216,000	216,000	216,000	216,000	216,000

　　最後，將兩個折現值相減，與預算成本相比較。倘若效益較成本為高，就是值得進行投資支出。

　　$1,018,107 – $471,346 = $546,761 > 50 萬（可投資！）

　　2. 以裝修後未來增加的收入，比較前期投入成本，設算支出的 IRR。每年增加的租金收入為：

　　216,000 – 100,000=116,000

　　以期初投資 50 萬元對應每年的投資現金流入：

廁所修繕		0	1	2	3	4	5
IRR	5.16%	-500,000	116,000	116,000	116,000	116,000	116,000

　　此案的五年 IRR 為 5.16%。雖然初期要斥資 50 萬元，但仍值得進行。

　　3. 以房子市價加上本次修繕的更新價值，試算 ROI。

　　216,000/(5,00,000 + 500,000)×100% = 3.9%

　　收益型不動產的投資報酬率，經常是個位數，常被諷稱為「茅山（三）道士（四）」。倘若投資者期待有翻倍的成長，唯有靠資產處分一途。筆者自己的投資經驗，過去三十年期間的台北，位於精華地段的不動產，其市價平均十年翻漲一倍。增值的潛力因不動產外觀的狀況而有些許差異。

4. 本案以期初 500 萬元購入資產，試問持有期間的投資報酬率爲何？

如下表列，第一年到第五年租金收入爲 10 萬元，第六年再投入 50 萬元。耗費一年重新裝修招租，往後六年期間租金收入 21.6 萬元，期末以 1,000 萬元出售資產獲利，總資產的投資報酬率可達 7.38%。

		0	1	2	3	4	5
IRR	7.38%	-5,000,000	100,000	100,000	100,000	100,000	100,000

6	7	8	9	10	11	12
-500,000	216,000	216,000	216,000	216,000	216,000	10,216,000

從上述可見，資本支出可被視爲再投資項目，可計算執行前和執行後的獲利 NPV 差異，也可設算 IRR。這是重視決策品質的專業評估方式。

第四節　公共建設的經濟效益評估（**Economic Analysis**）

本書第一章第一節提到政府自從公布「促進民間參與公共建設法」開始，專案在審查時，財務計畫與經濟效益是必備的內容。本章所提的時間序列折現法：淨現值、內部投資報酬率，都是評估項目之一。政府的公共建設還需加上自償率、融資可行性分析。這也適用於一般銀行放款案件的評估。

　　本節內容係依據行政院經濟建設委員會於民國 97 年 10 月出版的《公共建設計畫經濟效益評估及財務計畫作業手冊》（97 年版；上下冊）所撰寫。首先是政府權責單位執行公共建設進行可行性研究時，內容應包括：技術可行性、市場可行性、法律可行性、土地可行性、經濟可行性、財務可行性、環境可行性、管理可行性及初步財務規劃（含民間參與可行性）等；若計畫簡單、投資性質單純，則部分規劃內容可簡略或合併。上揭經濟可行性與初步財務規劃內容，應包括初步成本效益評估、合理估算的成本與收益概算明細的財務計畫。倘若計畫具自償性（即自償率 >1），則由主管機關依據「促進民間參與公共建設法」等相關規定辦理，讓民間資金可以投入。

　　民間參與公共建設，資金的籌措方式與本書的第一章第一節所述專案融資相差不遠。唯一重要的差別，在於政府對於自償能力堪慮的案子，可與承辦的民營機構事先約定，由政府編列預算，或由政府保證，以特殊資金管道協助。

一、自償率

　　「自償率」係依據促參法施行細則第 43 條規定，指「民間參與公共建設計畫評估年期內各年現金流入現值總額，除以計畫評估年期內各年現金流出現值總額之比例」。「自償率」（Self-Liquidating Ratio, SL）之計算公式如下：

自償率＝營運評估年期現金淨流入之現值 ÷ 工程建築年期內所有工程建設經費各年現金流出現值總額

其中：

營運評估期現金淨流入＝計畫營運收入＋附屬事業收入＋資產設備處分收入－不含折舊與利息之營運成本與費用－不含折舊與利息之附屬事業成本與費用－資產設備增置與更新支出

工程建設經費各年現金流出＝建設期間內之一切相關成本（包括設計作業成本、土地及建物取得成本、工程成本等）

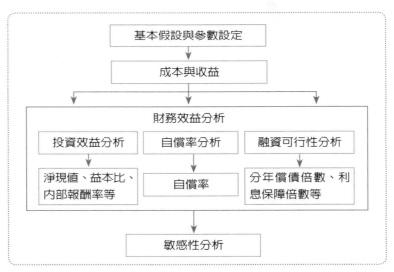

圖 2-1　**財務計畫編製流程圖**

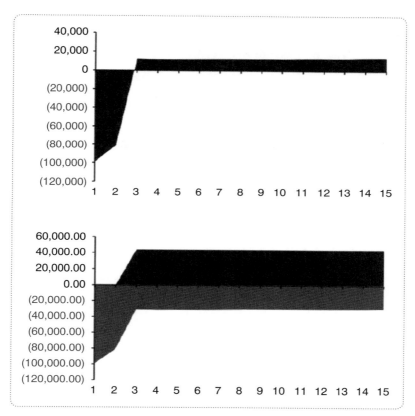

圖 2-2　國發會於 107 年 11 月委託安侯企業管理股份有限
　　　　公司 KPMG 研究「精進公共建設計畫經濟效益評
　　　　估及財務計畫」99 頁新舊比較圖

二、融資可行性分析

（一）償債比例（**Debt Service Coverage Ratio, DSCR**）

　　衡量計畫案於營運期間各年產生之現金流量，能否償付當期之債務和本息之指標。一般而言，分年償債比率至少需大於 1，落點在 1.2～1.5 為宜，如此能確保各年產生之現金流量可償還到期本息。償債比率越高，表示該專案的還款能力越佳。其計算公式如下：

$$\text{分年償債比率} = \frac{\text{當年稅前息前折舊及攤提前盈餘（EBITDA）}}{\text{整年度負債之攤還本金＋利息}} > 1\,(OK)$$

（二）負債權益比（**Debt Equity Ratio, D/E**）

　　負債權益比越高，財務風險越高。其計算公式如下：

$$\text{負債權益比} = \frac{\text{負債總額}}{\text{權益資金總額}} < 3 \sim 4\,\text{（最高）}$$

（三）利息保障倍數（**Interest Coverage**）

　　其計算公式如下：

$$\text{利息保障倍數} = \frac{\text{稅前息前淨利}}{\text{本期利息支出}}$$

第五節　物業管理的標準化與服務標竿化
（**Benchmark Service**）

　　在闡明不動產的投資評估方式時，突然插入物業管理的章節，有些人或許會覺得突兀。但這樣的安排，是爲了凸顯管理才是最佳確保投資的方式，也應是購買資產的評估項目之一；好的管理能增加資產價值，管理的標準化、標竿化，能讓營運遵循預算，創造穩定的現金流量。

　　從點交之始，不動產的所有者／營運者（Owner／Operator）就會一起發展一套標竿的管理模式，謹愼遵循。這樣的管理是跨資產管理和物業管理，所需要的專業技能有財務會計、建築、不動產財務、物業管理等。營運管理的標準化和服務標竿化，能落實預算管控，達到績效。

一、標準物管預算

　　收費標準是根據不動產的營運管理定位擬定的，營運管理定位決定了未來的租金收入水準，據此擬定招商策略。頂級 A 辦要搭配標竿的物管團隊才能撐起租金水準。支出係以預計營收來設定費用比例。而營運獲利能力與計畫成本，兩者成爲相互影響的循環：營運期內的償債能力，決定舉債成數；舉債成數決定了計畫總成本及每坪造價。

　　因此，收益不動產的財務分析，關鍵在於營運帶來的租金和管理費收益，以總營收反推期初投入成本，才是穩健之道。倘若財務不具可行性，業者大可放棄長期營運，改採短期出售獲利的途徑。

擬定物管預算的第一步，是界定營運面積。這分為兩類：「租賃面積」是租金和管理費的計價基礎。在收益型出租大樓內，有「公共區域」（物業管理區域），和「租賃區域」（職場區域）兩類面積。「租賃面積」包括全部的「租賃區域」和部分的「公共區域」，此部分有當層的小公，也包含整棟大樓部分的大公。「大公」是指由全體住戶共同分擔的空間，包含頂樓的水箱、電梯機房，以及一樓的管理室，地下室的蓄水池、配電室、機械房；「小公」則是指由當層住戶共同分擔的空間，例如電梯間、走廊、通道、門廳、樓梯間等，都屬於小公的範圍。投資興建人會比較標竿大樓的大小公設百分比，也就是面積效率。超出比例將造成租賃競爭性降低。因為即使是公設比高的超高層，公設比一旦超過 40%，就會降低承租意願。承租方不可能超乎尋常水準的付租金養公共設施。這就是出租辦公室的面積效率（Efficiency Ratio）的重要性。承租戶除了負擔租賃區域內的水電費以外，也須負擔公共區域的水電費。但某些情況下，公共區域的水電費，例如空坪、特殊使用空間等，是無法完全分攤給租戶的。

大樓管理每坪每月支出的水電和修繕支出，是與每租賃坪數計收的管理費做比較的。一般管理費會保留至少三分之一的盈餘作為資本支出的保留預算；例如管理費每坪 320 元，則實際支出約為每坪 213 元。

$320 \times 2/3 = 213$ 元

　　因此，業者會參考標竿管理費。例如市面上每坪 320～350 元或甚至更高的頂級管理費，所提供的設施和服務水準為何。

二、物業管理的經濟規模

　　物業管理行業是具經濟規模的，因為保全和清潔需要輪班，需要一定的受薪人數輪值。不管面積或營收多寡，物管的團隊一般少不了 6～8 位。三班四輪是依照勞基法規定的工時規劃，一個櫃檯或哨點聘請四個人不為過。另還有清潔人員、客服經理（負責客服與財務月報表）、不定時機電維修人員，總數約 7～8 人的物業團隊。商辦大樓 1 個月支出薪水（含勞健保和公司成本）至少上百萬元，外加水電空調和修繕費用，每月約需至少編列預算 100～120 萬元左右支應，全年預算近 1,000～1,200 萬元。這是聘請專業物業管理公司的預算規模。若以 A 辦市場平均管理費 280～320 元／坪，大樓委託管理的總樓地板面積，也必須在 3,300 坪以上，才符合經濟規模。

　　280×3,300 坪 ×12 個月＝ 1,108 萬元或

　　320×3,300 坪 ×12 個月＝ 1,267 萬元

　　以 A 辦最常見的單層樓地板面積為 350～500 坪計算，3,300 坪等同 7～9 層樓的大樓。政府法規要求 11 樓以上裝撒水頭，但 A 辦的開發商多會趨向高標，每層樓都裝撒水頭。此外電梯、機電、空調、消防（即所謂的機、空、消）、洗窗機、不斷電系統、監視設備等逐月逐年的期程管理，確保了如期執行管理預算。地價稅、房屋稅、保險、特

殊支出、人員獎金、定期公共設施修繕等，是管理大樓必要的花費。因此標準化和有效控管，不僅是讓獲利達標的不二法門，也是因應物管團隊不至於因人事變動影響管理品質的方法。

三、標竿服務

至於標竿服務，指的是服務水準（Service Level），還有一些無法量化，屬於質化的評估。這部分要仰賴考核「績效表現」（Key Performance Index, KPI）。最常見的 KPI 包括：服務滿意調查、叫修服務回報速度、活動執行成效、資本支出的執行。其他還有依照公部門規定辦理的定時申報項目，定期教育訓練、防災演習、緊急應變等。質方面的標竿服務，講求租戶關係經營。

頂級的收益型不動產格外倚賴頂級服務，經營租戶社群有如經營一個 VIP 俱樂部。願意支付高水準租金的租戶，自然會期待標竿服務。從業人員的應對談吐、專業素養、外語能力，甚至顏值、身高，都是予人加分印象的要點。

物業管理在設備的標竿服務方面，主要為設備的維護保養期程（Scheduled Checks）、自動檢查、原廠或委外的維修和零件更換等。甚至有重大設備的汰舊更換，裝修等。這些考驗了橫向的協調溝通能力和人員的專業素質。

四、標準職場裝修專案預算

物管公司能創造加值的服務項目，首推租戶區域內的裝修和代管。此項目往往不包括在例行性物業管理合約內，

而是由租戶直接洽詢委任。承作租賃辦公室裝修案的專案人員，必須熟悉裝修申請執照的流程，也要熟悉大樓的機空消系統，尤其是不斷電系統、緊急供電系統、各層樓的電容量。他需要是個善於溝通的人，具有專案管理的技能。

　　擬定裝修預算時也需參考標準預算和等級。在資本支出的編列上，需參考各公司內勤人員的職級對應面積的分配、填寫空間需求分析表、估算每坪單價等，使預算合理標準化，有利於逐年預算編列和執行控管，更可以有效避免預算追加。筆者的商學在職專班碩士論文〈企業之通路設施標準與成本預算管控流程探討〉，即是針對此實務流程的研究探討。近年來因綠建築和建築能效的概念興起，在已建好的大樓內，決定性的減碳因子，是設備和裝修，因此建築的「硬」專業不可少。

　　扼要說明流程步驟為：

（一）填寫空間需求單

　　空間需求影響租賃面積和租賃預算。首先要制定一套公允的面積配坪標準，以利職場各單位遵循。若尚未制定空間規範，可從現有的配置圖推算每人配坪，或可參考其他公司的標準。例如訓練教室 0.4～1 坪／人、面談室 0.9～1.5 坪／人、事務機器區 0.9 坪／人、會客區 0.4 坪／人、櫃檯區 2 坪／人。其餘尚有儲藏室、置物櫃、入口玄關等若干共同空間。主管的隔間辦公室的配坪，也是需要妥善訂定，因涉及隔間牆消防排煙的法規檢討。

（二）裝修預算標準

　　裝修費用在三到五年內就攤銷完畢，對營收的影響可謂不小。辦公室裝修的每坪單價預算，從 4～10 萬不等。可參考同業水準，了解標竿企業的裝修預算標準。同樣地，家具單價、維修單價等，也需要統一制定。

　　標竿的服務和標準預算，個別從質和量兩方面維護收益不動產的長期獲利。執行與預算是牢牢綁在一起，不隨便破例更改的。數字不僅是可行性的先期指標，也隱含著穩定的質和量的管理，這是在做財務分析時，避免陷入財務迷思的重要認知。

第三章

市場分析、產品定位、
開發量體與財務假設

SUMMARY

Chapter 3. Market Analysis, Product Positioning, Development Layout, and Financial Assumptions

Market analysis forms market opinions and outlooks, which are critical to investment decisions. The components of market analysis are such as rental level, absorption rate, supply and demand gap. These data are key for financial projections. The same set of market data is used to form judgment on real estate acquisitions, as well as lease versus buy considerations. Market surveys are the basis to help investors formulate strategies of "how-to" by utilizing data gathered on site—demographics, topography, employment, income, and public investment. These informations help to form perspectives on city growth or decline.

This chapter is structured by development stage— from market analysis, to product positioning, to zoning and development layout, then to financial assumptions.

3.1　An investment report will, regardless of its brevity, cover macroeconomics and microeconomics. These informations are sourced from government statistics, bank economic research reports, and some quasi-government research reports. Macroeconomics surveys nation-wide growth indicators such as GDP, inflation rate (CPI), employment rate, production. They help investors discern economic cycles and the factors behind. Microeconomics include factors of consumption and resource allocation for production, revolving around industry and corporate level issues. Macro will impact micro indirectly in FX and WPI, oil price WTI, monetary policy, interest rate etc. In the past, drastic changes in micro economy were caused by regional and global financial crisis, such as 1998 Asia Financial crisis, 2008 Sub-Prime crisis. The lessons learnt were that long-term financial projections involving international trading ought to take into consideration of hedging. Macro and micro economics together affect pricing. For example, low interest rate is beneficial to real estate industry or any industry growth in that it provides low-cost funding. However, in the long run inflation drives up raw material prices. This will impede investment when profit margin narrows.

3.2 Market Analysis and Product Positioning

Real estate development always begins with location. With the surge of Internet business, commerce happens in cloud without physical limit. Whether in cloud or in physical setting, market surveys mean to reach out to customers, to know their spending capacity, their preferences, so as to design products to fit their needs accordingly. Specifically, where the products are offices, hotels, and retail spaces, market survey means checking stock supply and demand. Demand and supply informations are published by market consultants like JLL, CBRE, Colliers who are market leaders in real estate brokerage, appraisal and services. They publish market survey reports bi-annually or annually. A proper market survey will include primary and secondary level information. Primary level informations are such as site investigation while direct observation and questionnaires on experiential shopping may be used. Secondary level informations cover macro and micro informations which could be purchased from consultants. On market competitiveness, Michael Porter's five force concept provides a good framework for data analysis from a different angle. The idea of value-added development is to widen the margin between cost and sales of product. Market analysis derives a set of financial assumptions used in financial projections. In certain cases, the scarcity nature of land may result in quasi-oligarchy business. A BOT for public project is one such example. In ordinary commercial development, economic base theory is used to calculate the supply gap. Due to its static nature, economic base theory is not used frequently in recent years.

3.3 Zoning and Development Massing

Each plot of land has a set of zoning code embedded. The

zoning code determines the floor area ratio, plot ratio, usage, horizontal setbacks, easement, vertical setbacks, etc. that constitute the value of the property. In most cases, development envelope is set by zoning and building code. This advantages preliminary financial projection by allowing one to do a rough stacking-plan & massing to determine gross and leasable area. These will provide an estimate of the floor height and building form, which will together enable calculations of cost of construction, and sales/leasing price. Nowadays, with the Geographic Information System (GIS) rolled out, pertinent informations are made available to the public. This helps the practice of fair pricing in land development.

3.4　As stated, real estate financial assumptions is categorized into cost factors and revenue factors. Hard cost factors include floor area, cost of construction, E&M equipment. Soft costs include consultant fees, license and permit fees, insurance fees, management profit margin, interest during construction, land fees. Soft costs, in turn, forms the basis of preliminary long-term operating expense. Cost budgeting is key to the success of a development project. Expenditure, once incurred, is irreversible. The factors to project success are none other than time, cost, quality, of which cost bears the outcome of unfavorable time and quaility control.

　　市場分析對於不動產相關的從業人員，包括開發商、租戶、不動產經紀人、投資商等，都很重要。對市場的看法，左右了投資的決策。在投入資金以前，出資人需要對租金水準、不動產的去化量、供給與需求的差額，有一定的判斷力，才能合理預期投資是否可以回收，做出決策。

　　租戶或使用人也需要了解市場趨勢，做出是否買或租的判斷，以解決空間擴租的問題。在此同時，不動產經紀人在代表客戶行銷或洽定租賃空間時，也需要掌握市場資訊，以提供專業的意見給客戶。

　　市場是未來財務營收的關鍵；買賣雙方在進行交易談判前，都應要掌握市場價格動向，據此做財務分析，才知道價格底線為何。

　　對於投資開發商而言，參考市場調查和財務分析的各項參數，是最基本的。它不只是用來告訴你「Yes」或「No」的數據，而是要告訴投資人，如何為之才是可行。投資人需要敏銳觀察基地周邊環境，汲取各樣的資訊，從而判斷開發案的潛力。憑著累積大量資訊及個人經驗，加上開發案的背景資料（基地、人口、土地、就業、收入、政府挹資經濟建設等資訊），推理出未來供需與成長趨勢。

　　因此，本章以總體經濟和個體經濟為第一部分，接續是市場分析、產品定位、開發量體與土地使用分區管制、財務假設等四步驟。四步驟來回調整，以求得適合的方案和假設。過程中，從發想到確定執行方案，最後透過財務可行性確認投資決策。開發量體和建物用途，無疑是第一步，也是最重要的課題。

第一節　總體經濟與個體經濟

　　經濟不是經濟學家的理論；而是一般投資人每天從各式各樣豐富的市場訊息中，包括一些即時公開資料，偵測市場釋放的經濟訊息。收益不動產動輒上百億的投資評估報告，內容必定包括了總體經濟和個體經濟。可供參考的資料，除了各家銀行的調查研究報告以外，也包括了官方單位的統計數據，例如主計處、經濟部、金管會、市政單位統計資料等。亦有公設財團法人單位，例如中華經濟研究院、台灣綜合研究院，私人機構如美商鄧白氏等所提供的調查數據。

一、總體經濟（總經）

　　「總體經濟學」（Macroeconomics），是使用國民收入、經濟整體的投資和消費等總體性的統計概念，來分析經濟運行的理論。「總體經濟學」以地區、國家層面作為研究對象，常見的分析包括收入與生產、貨幣、物價、就業、國際貿易等問題。[1]「總經」能幫助投資者了解景氣循環週期的因子，以便推估這些因子的邏輯和投資的前景。投資者常參考的「總經」指標有下列：

1. 成長（商業景氣、國內生產毛額 GDP）。
2. 通貨膨脹（消費者價格指數 CPI、生產者價格指數）。
3. 就業（失業救濟人數、失業救濟金人數）。
4. 生產面（工廠訂單、建築許可證）。

---

[1] 國家圖書館，學術知識服務網－學科專家諮詢平台「何謂總體經濟學？何謂個體經濟學？」，2022 年 4 月 6 日。

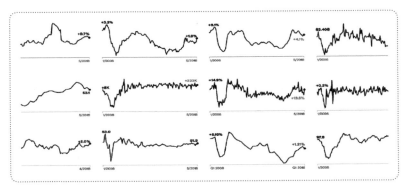

圖 3-1　Bloomberg（世界 12 大經濟指標）2008～2018 十年指標

二、個體經濟（個經）

「個體經濟學」研究的是個體或個體與其他個體之間的決策問題，這些問題包括了經濟物品的消費、生產過程中稀少資源的投入、資源的分配、分配機制上的選擇等。「個體經濟」攸關公司營運層面，供給、需求、競爭對手，也包括興建成本、融資、產品競爭性、招商策略、租金水準或售價等微觀問題。[2]

個別開發案的產品定位，因著地域性的關係，被視為是與「個經」較有關連的產業。隨著每一塊土地的開發，土地的原料就少了一些；建商關心區域條件的變化、鄰近的競爭對手、近期的放款利率和民眾購買力等議題，遠較對國際情勢的關注。

2　同註 1。

　　投資大金額收益型不動產的壽險業者，則特別關注國際局勢。舉凡物價、利率和匯率的波動，都跟「總經」有關係，這些關係到投資者的資金成本。一個投資國內不動產的重要原因，是因為它能確保以本地幣別計價，已出售保單部位的獲利，且是零匯率風險。筆者過去在職場遇到幾次大的職場風浪，都是與國際金融危機有關──1998 年東南亞金融風暴、2008 年次貸風暴。1998 年東南亞金融風暴發生時，泰銖、韓圜崩盤，銀行信用緊縮，放款利率升高，造成許多海外不動產斷頭求售。唯獨台灣握有現金，受影響幅度小，反而獲得了許多海外投資的機會。

　　2000 年前後，政府推動民間業者投資公用事業，因此筆者也有機會參與專案融資顧問的業務。在設算電廠未來天然氣供應合約的買價時，必須參考國際原油價、躉售物價指數，以及美元匯率波動。這些都是「總經」的議題，它影響了未來收益的折現率，需要規劃避險措施。2008 年次貸風暴，台灣有數間握有連動債券基金的金融壽險公司，因為一夕間減損必須要當期認列，受傷慘重，投資者甚至必須出售不動產彌補帳上損失。以上足見總經牽一髮而動全身的重要性。

　　「個經」相對而論，又可稱「價格理論」是攸關供需和競爭者整體的優劣勢，還算是可預期的。至於「總經」小則跟全球貨幣政策連動；大則跟金融風暴、戰爭、巨災等有關，雖有邏輯可循，但有時難以預測。

　　「總經」與「個經」資料，幫助我們了解自己所處的環

境和景氣。低利率的環境有利於不動產產業，因低利率鼓勵借款興建和貸款買房。只要融資成本低，就有利於建商籌資推動收益型不動產，賺取比銀行存款利率還高的租金。但另一方面，長期低利率將導致通膨，增加投資風險。

第二節　市場分析與產品定位

　　市場分析就是對買賣環境的調查和研判。調查是第一步，再針對調查後的資料，做進一步分析解釋。首先要問：什麼是市場？

　　不動產市場涉及「商圈」界定。在電商盛行的今日，市場可能在雲端，或在國外，任何潛在客戶的所在位置。「市場分析」就是去接觸並認識潛在的消費族群，了解他們的消費能力，了解消費客層的組成，探究他們的喜好、購物習性、價值觀等，來設計產品和行銷模式。

　　在實務上，零售、飯店或辦公室的市場，有實體也有雲端。若要了解供需情形，可根據業者之間流通的公開市場資料。市場上具有領銜地位的不動產市場顧問，如仲量聯行（Jones Lang LaSalle, JLL）、世邦魏理仕（CBRE）、高力（Colliers）等，他們的業務涵蓋不動產代理、商辦仲介和綜合服務及鑑價部門。他們手中累積了數十年市場交易資料，固定每年或每半年會出版市場報告（Market Survey）。

　　了解不動產市場的最直接方式，是採現地踏勘。到開發
案附近的現場，或去類似的開發案踏勘，以直接觀察、問卷
調查、體驗式感受（以送贈品或試用的行銷方式接觸），詢
問蒐集資料。亦可委任專業的市場顧問做市場分析，他們大
多能有效率的從大數據資料中，萃取一手或二手的市場調查
分析報告，讓開發商省事不少。

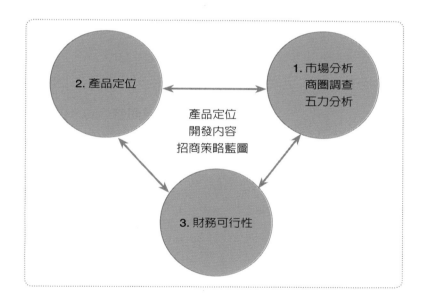

循環圖的附註說明：

　　1.「市場分析」包括「商圈調查」和競爭策略「五力分
析」。若以資料的蒐集為了解市場的基礎，就要留意資料可
能存在時間落差，可能缺乏近期資料。另外，各家顧問的
研究報告中，名詞定義和調查基礎可能不同，例如「空置

率」，不同研究單位的計算基礎可能也不同。「商圈調查」要界定車程距離、主要幹道、交通可及方式、客層分析等。這往往要搭配大區域的都市計畫才能了解。

　　2.「產品定位」是根據上述分析，擬定開發策略和定位。產品定位與客層定位息息相關，為的是掌握先機，鎖定長期的競爭力。「五力」是環繞產品的相對競爭優劣分析。「五力分析」是動態性對應市場的瞬息萬變，因應市場而做產品或經營層面的調整。

　　3.「財務可行性」將產品定位的各樣相關假設，預設係數計算未來營收和支出。這個流程需要配合開發內容（成本）、招商策略和藍圖（盈收＋費用）、執行時程等三方面資料，反覆模擬修正。

房地產相關網站

政府部門
行政院主計部處、內政部營建署、地政司、統計處

不動產買賣
建設公司、仲介公司、拍賣公司

學術研究資訊
學校相關科系、學會

建築經理顧問公司
仲量聯行、高力國際、戴德梁行、世邦魏理仕

不動產估價及徵信
中華徵信所、信義不動產鑑價

常用網站
地產上、eHouse 不動產交易服務網、內政部不動產資訊平台 house-fun、寬頻房訊、104 法拍網、信義房訊、知識、不動產實價交易查詢網 lvr.Land.moi.gov.tw、內政部營建署全國建築資訊系統入口網 https://cloudbm.cpami.gov.tw/CPTL/、哈佛企管顧問的華文企管資料 http://www.chinamht.com.tw

一、波特的「五力分析」

　　波特的「五力分析」除了幫助業者了解「供需情形」以外，也能替業者找出最佳的產品定位。哈佛商學院榮譽教授波特（Michael Porter）針對策略性競爭提出「五力分析」。傳統的市場調查方法，將供需視為「靜態」的處境；波特的五力視市場競爭為由幾個動態因子所形成。個別產品或商家的永續經營獲利能力，取決於這些因子的相互作用，而非供需狀態。

　　成本和售價，兩者相減後數值越大，代表經營者利潤越高。這表明了產品擁有得天獨厚的採購優勢，低替代性，以及穩定忠實的買家。例如不動產開發案倘若能取得土地和建物的低成本優勢、地點優勢，形同立足於不被擊潰的地位，讓往後數十年的營運壓力舒緩許多。

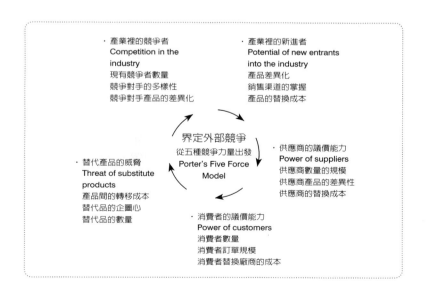

　　但利潤仍持續被既有的競爭對手和潛在新加入的競爭對手所壓縮。雖說市場的開放性，使得單一商家難以有壟斷的優勢。惟不動產因土地資源的有限性，在某些情形下，的確可達到類壟斷效果。倘若開發案講究經濟規模，而適合的基地僅有一塊，的確具有不可替代性。例如 BOT 特許權就屬於此類型；以零售業而言，簽訂一家首次登陸的旗艦店的長期租約；以辦公室招租而言，標竿企業的大面積進駐，都屬於這種得天獨厚的情形。

　　由產業成長主導的開發案，例如廠辦，會使用「經濟基礎的理論」（Economic Base Theory），以一個區域內的主要經濟基礎，推估所需要的供應量，以生產供需平衡的出發點，來推算缺口或過剩面積。這種計算方式在近年用的極少。

　　良幣驅逐劣幣的情形，無視於市場飽和與否；產品可能因其競爭性，不受市場飽合的威脅。靜態分析不如動態五力實際，因為在全球產銷的密切網絡之下，區域經濟不可能是封閉的，它往往被超區域的動態因素所影響。

第三節　開發量體與土地使用分區管制

　　任何一個開發案，都是地點（Location）優先的產品。每一塊基地都有法規限制，能興建的量體和用途都不同。因此，在初步了解市場和定位後，隨即進入法規分析和最大開發強度模擬。法規可分為「分區規定」（建蔽率與容積率）和「基地限制」兩大部分。

一、分區規定

（一）土地使用分區法規

　　台灣以國土計畫法為上位計畫，土地使用分為都市土地及非都市土地兩類。都市土地實施都市計畫法，主管單位為縣市政府；非都市土地實施區域計畫法，主管單位為內政部和縣市政府。「都市計畫法臺灣省施行細則」於民國 89 年12 月 29 日訂定，經過多次修訂。根據民國 109 年 3 月 31 日最新修訂版，第 14 條將都市土地分為 11 區（住宅區、商業區、工業區、行政區、文教區、體育運動區、風景區、保存區、保護區、農業區、其他使用區。另外，視需要可劃定特定專用區）。使用分區根據分區編定的使用類別，依容許使用項目及許可編定。

（二）建蔽率、容積率

　　建蔽率與容積率係依照「都市計畫法臺灣省施行細則」訂定。其中第 32 條訂定建蔽率管制，第 34 條訂定容積率管制，也包括容積移轉限制。單以建蔽率和容積率，就能求出大概的樣貌。

　　所謂建蔽率，便是建築物在基地上的最大投影面積與基地面積的比率，比方說 100 平方公尺的基地，而基地周圍區域規定的建蔽率為 60%，那麼，最大的投影面積只能達 60 平方公尺。剩下的 40 平方公尺空地，可能作為臨路退縮植栽、中庭、戶外休閒設施（如游泳池）等。此規定是為了保留一定比例的開放空間給路人，讓都市有喘息的空間。

　　容積率是指每一塊地能開發的面積的倍數。比如 100 平方公尺的容積率若是 800%，則直接估算的開發量體為 100×800% = 800 平方公尺。但這只能是估算，因為縣市或中央政府，往往提供容積獎勵措施，或是建築法規提供不計容積的面積，例如屋突、陽台、法定避難空間、機電設施等。

二、基地限制

　　「都市計畫法臺灣省施行細則」第 35 條訂定，擬定細部計畫時得訂定「土地使用分區管制要點」，就地區環境之需訂下都市設計有關事項，並邀集專家學者採合議制審查。依據「臺北市土地使用分區管制自治條例」（民國 100 年 7 月 22 日修訂），訂下了四面八方的建築輪廓規範，例如高度比（造成建築物主立面層層退縮造型）、前後院的留設、最小基地寬度、深度等規定。這些影響了建築是否能將容積面積蓋到滿。「土地使用分區管制要點」也包含了土地及建築物之使用組別、最小建築基地面積、基地內空地比率、容積率、基地內前後院深度及寬度、建築物附設停車空間、建築物高度，以及交通、景觀、防災等事項。當建築物配合面前道路層層退縮時，可能因基地狹窄，單層樓地板面積過小，而無法用完所有的容積面積。

　　前、後院規定的退縮距離，是從基地線的平均水平距離。某些情況下得以放寬限制。如下圖示，「危老條例」可以放寬退縮限制。

　　「高度比」則是從建築物高度量至面前道路境界線。「高度比」是爲了減少都市街道的陰影，而限制建築物到一定高度要層層退縮。

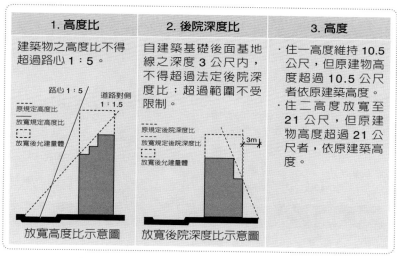

1. 高度比	2. 後院深度比	3. 高度
建築物之高度比不得超過路心 1：5。	自建築基礎後面基地線之深度 3 公尺內，不得超過法定後院深度比；超過範圍不受限制。	· 住一高度維持 10.5 公尺，但原建物高度超過 10.5 公尺者依原建築高度。 · 住二高度放寬至 21 公尺，但原建物高度超過 21 公尺者，依原建築高度。

圖 3-2 「危老條例」放寬高度比示意圖

三、量體模擬

　　根據前二節，就可勾勒出在基地上的建築量體，首先是著手規劃配置（Layout），確定基地進出動線、停車數量、地下室開挖、高度比等決定樓地板面積最關鍵的資料，準備輸入作財務試算。在實務上，這樣的配置要費上好幾週的時間，許多從事投資財務設算的人，經常使用 Excel 堆疊「樓層量體圖」（Stacking Plan），作爲面積表的第一步。這尤

其適用於已興建完成的大樓。在計算興建成本時，建築師會以平方公尺詳細計算發包總量體，因為建築業和營建業習於以平方公尺為單位（1 平方公尺等於 0.3025 坪）。而不動產投資人習於以「坪」為單位評估營收，對應營收依據租「坪」計算的做法。

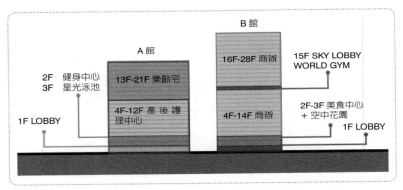

圖 3-3　樓層量體圖

都市計畫與建築法規地理資訊網站（GIS）

　　一般非建築背景的投資人可能視建築法規為開發量體唯一的參考資料。其實，都市的交通網絡（捷運、公路、高鐵轉運站等）這些動輒數百億的重大公共建設計畫，都會透露都市發展的趨勢。不動產投資人會留意這些資訊，包括城市發展軸線、地震帶、防洪設施、主要景觀、開放空間和供電設施等。這些都是開發產品定位的參考。近年來，各縣市政府已建置「地政雲」等網路資源，將地籍圖和都市計畫圖影像化，使查詢和申請變得容易。

項目	網址
台北市政府土地使用分區查詢	https://www.zone.gov.taipei
地籍圖查詢	https://www.zonemap.gov.taipei/ZoneMapOP/
不動產實價登陸、地價稅、房屋稅查詢（中華民國內政部地政司）	同上

第四節　財務假設

　　前一章討論的投資評估財務，主要是論原則。但操作開發案的財務模型（Financial Modeling），第一張工作表，就是建築量體和成本。面積或量體相關的資訊，是用來推算工程成本。開發案的直接成本和間接成本形成了全案的資金需求，然後依此來規劃資金來源和財務架構。

　　上一節所論述的法規分析，如同每一塊基地的身分證，界定了個別基地的開發強度，也決定了它的價值。估價師常使用的鑑價方法，不論是「土地開發法」或「市值法」，都是基於土地最大、最佳使用強度（highest and best use）估算出來的價值。

一、成本預估

　　成本為興建期的支出項目，在營業獲利年度可依據會計準則分年攤銷，因此成本是投資，不是費用。

（一）直接成本

　　依「臺北市臺北都會區大眾捷運系統土地開發權益轉換原則」第九之（三）所列，直接成本分為結構、機電、

內裝、地下工程、特殊工項等。除了從市面取得最新發布單價以外，公定的工程造價，也可參考政府公布的資料，例如「臺北市建造執照建築工程、雜項工作物、土地改良等工程造價表」。這張表格是依建築構造、高度與每平方公尺明定造價成本。但這表格未包括機電、空調、消防、自動化、電纜等設備的成本。同時，尚須加上植栽、照明、室內裝修、監造、管線申請、證照、雜項等間接費用。

表 3-1　修正「臺北市建造執照建築工程、雜項工作物、土地改良等工程造價表」

109 年 11 月 30 日府都建字第 1093230610 號令發布並自 109 年 12 月 1 日生效

構造類別		103 年 2 月 1 日實施	調整後單位：元／平方公尺（依臺北市營造單位：元／平方公尺工程物價指數調高 4.35%，無條件捨去個位數）
加強磚造及輕型鋼架構造		7,080	7,380
鋼筋混凝土造	1 至 5 層建築物	8,180	8,530
	6 至 8 層建築物	10,620	11,070
	9 至 12 層建築物	12,220	12,750
	13 至 15 層建築物	14,660	15,290
	16 至 20 層建築物	15,390	16,050
	21 至 25 層建築物	16,170	16,870
	26 至 30 層建築物	16,980	17,710
	31 層以上建築物	17,810	18,580

構造類別		103 年 2 月 1 日實施	調整後 單位：元／平方公尺 （依臺北市營造單位： 元／平方公尺工程物 價指數調高 4.35%， 無條件捨去個位數）
鋼骨鋼筋混凝土造	10 層以下建築物	15,150	15,800
	11 至 15 層建築物	15,910	16,600
	16 至 20 層建築物	16,700	17,420
	21 至 25 層建築物	17,540	18,300
	26 至 30 層建築物	18,420	19,220
	31 至 35 層建築物	19,350	20,190
	36 層以上建築物	20,310	21,190
鋼骨構造	10 層以下建築物	18,570	19,370
	11 至 15 層建築物	19,500	20,340
	16 至 20 層建築物	20,480	21,370
	21 至 25 層建築物	21,490	22,420
	26 至 30 層建築物	22,570	23,550
	31 至 35 層建築物	23,710	24,740
	36 層以上建築物	24,890	25,970
物及土地改良作物雜項工作物	挖方　立方公尺	150	150
	填方　立方公尺	230	240
	圍牆　公尺	2,220	2,290
擋土牆（公尺）	砌卵石　公尺	1,950	2,030
	鋼筋混凝土　3 公尺以下	4,020	4,190
	超過 4 公尺至 5 公尺	4,750	4,950

構造類別			103 年 2 月 1 日實施	調整後單位：元／平方公尺（依臺北市營造單位：元／平方公尺工程物價指數調高 4.35%，無條件捨去個位數）
排水溝（公尺）		超過 5 公尺至 8 公尺	7,690	8,020
		超過 8 公尺以上	19,910	20,770
	50 公分以下		720	750
	超過 50 公分至 100 公分		1,950	2,030
	超過 100 公分以上		3,310	3,450
			其他以實際造價計算	其他以實際造價計算

備註：
1. 本表未列之工程項目，以實際施工所需之工程費用爲準。
2. 計算標準每三年檢計一次，依「臺北市營造工程物價總指數」爲計算依據，前開指數累計增減幅度不逾 2% 時，則不予調整。
3. 建築物造價調整時計至十位數，無條件捨去個位數。

　　上表僅限於工程圖面範圍的支出，非屬工程圖面所載，但仍需要負擔的開發成本，尚有：

　　1. 新建工程中勞工安全衛生、空氣污染防制、工程監測、保險、品質管理、營造管理、營造業者利潤、工程營造費用之營業稅，及其他營造過程中因興建、管理與行政而發生之間接費用。

　　2. 公寓大廈管理基金、開放空間基金或其他經行政單位要求所成立之管理維護基金。

　　3. 投資人為完成大樓興建所必要支出之其他新建工程費用，包含鑑界費用、鑽探費用、鄰房鑑定費用、外接水電瓦斯管線工程與證照申請暨簽證費用、建築相關規費與證照申請費用、協助公共設施開闢與市有建物整建維護費用等。

（二）間接成本

　　間接成本有些是可以資本化的。主要是：

　　1. 建物設計費用，按開發基地條件與設計規模，併參考開發基地所在地建築師公會頒布之建築師酬金標準評估設計費用。也包括結構、整地、機空消顧問、特殊顧問的費用等。

　　2. 興建期利息。

　　3. 招商顧問費、廣告宣傳費用、興建期人事費用、地價稅等。

　　根據筆者以往的經驗，興建期的間接成本費率，如下表列。

間接成本（以工程造價為基礎，個案情形略有不同）

1. 規劃設計、監造費	式	1.0	2%～3%
2. 廣告費、銷售費	式	1.0	5%
3. 行政管理費	式	1.0	2%～3%
4. 稅捐及其他負擔	式	1.0	1%
5. 承包商利潤＋管理＋保險費	式	1.0	5%～10%
6. 勞工安全衛生管理費	式	1.0	0.60%
7. 交通維持道路維護費	式	1.0	0.20%
8. 環境保護費	式	1.0	0.50%
9. 施工品質管制作業費	式	1.0	0.60%
10. 承包商利潤、管理及保險費	式	1.0	8.00%

二、營運費用

興建完成後，營運期每年的營收扣除營業費用（Operating Expense），得營業淨利（NOI）。實務上，營運費用往往採預算制，以營業收入的一定比例計算。營業淨利是收益型不動產表現的指標（Performance Benchmark），是以稅前為基礎，未扣除還本付息及折舊，也可稱為「息稅折舊前淨利」（EBITDA）。原則上，公司的財務運作和賦稅減免，應與營業績效分別看待，才能聚焦於不動產本身的績效表現。

至於具體的營運費用比例，將在後續各章的類型專案中介紹。

成本與費用估算的背後，隱含了營建管理和專案管理功力的重要性，涉及「時間、成本、品質」（Time, Cost, Quality）的控管；時間延宕將造成工程費用與利息成本增加，成本有賴價值工程與數量的嚴格管控，品質的維護仰賴現場監工和材料測試，避免日後需斥資修繕。

一流的專案控管，才能讓開發案如期開幕營運。倘若控管不利造成工程延宕，一切縝密的財務估算都可能付諸東流。成本因工期逾時追加，借款利息節節高升，將使得原本有利可圖的投資案，成為虧損。

從市場分析找出不動產定位與開發內容的過程，是一個循環修正，互相參照的操作過程。大環境的因素非常重要，開發企劃動輒因經濟景況變遷翻案，或是因一些政治因素喊卡。例如 2021～2022 年因新冠疫情和俄烏戰爭，導致營造

成本躍升五成以上，聽聞許多已發包的案子，頓時進退維谷。可見推出的時間點不對，即使前述步驟都對了，最終仍是不可行。

第四章

財務架構與資金來源

SUMMARY

Chapter 4. Financial Structure and Source of Fund

Income Properties Investors aim to obtain low-cost capital. Among the means to raise funds are equity investment, bank loan, bond issuance, and securitization. The last two methods target investors at large. Effective structuring facilitates smooth funding at reasonable cost of capital.

Conventional real estate investors are opportunistic investors, targeting at high profit through quick sell-out of built stock. A real estate sales project is usually sold clean to repay loan with 20%-30% profit on top in three years. This quick turnover releases the investor builder of liabilities. In the past few decades, Taipei prime location properties have seen an escalation in real estate price of 200% in some 10 year cycle, making development business a highly profitable business with high leverage. But the scenario is different for income properties. They belong to the category of low profit, long-term holding investment. Without quick sell-out means there is an outstanding loan of 15 to 20 years on the balance sheet. This increases liabilities of the investor or holding company and reduces borrowing capacity. As a rule of thumb, development construction companies look for profit in the range of 30% or above in three years; insurance company looks for long-term investment with profit between

2% to 5% in ten years minimum. Whereas, hedge fund looks for value-add or opportunistic profit of 15%-20%. Hedge fund looks for low-entry opportunities, quick asset turnaround and disposition in 5-7 years. The management strategies differ due to cost of capital and henceforth target profit rate.

This chapter introduces a few independently structured real estate investment and management entities. The benefit of doing so is to keep liabilities, income & expense on separate balance sheet. More importantly, this practice enables focused management and enhances professional skills.

4.1　Traditional land development requires funding for land and construction. Land is sponsored by equity and secured loan with land as collateral. Construction is sponsored by land mortgage loan, and proceeds from pre-sales or pre-leases.

4.2　Independent financial structure can be formed using either Trust entity (SPT) or Company entity (SPC). Trust provides tax advantage, and the beneficiary certificates issued by Trust is taxed separate of personal income. Trust entity exists under preservation, thus is restricted from lending or borrowing. It is not flexible in the sense that all arrangements within the Trust Structure must abide by a signed Trust agreement and carried through to expiration. In the case of an SPC, it is a flexible entity though it is imposed by 5% sales tax and 20% income tax. It allows for asset disposition and loan re-structuring anytime. An SPC is an independent company with no comingled funds under management, and the shareholders hold the right to adjust management structure at any point in time.

4.3　Securitization is undertaken using SPT, based on Real Estate Investment Trust Law. This law enables small investors to partake in REIT investment which trades over the counter. Similar to Trust beneficiary certificate, REIT is defined by a Trust agreement wherein the perimeters are previously agreed and signed between the arranger, the issuer and the investors. The REIT structure and engagements are approved by the Monetary Bureau prior to public offering. REIT sponsors good projects with steady cashflow, though some REITs may opt to remain closed within a certain period of time during construction. Public investors choose REIT for its above bank interest rate yield. The Owner of REIT chooses REIT mainly to transfer asset off their balance sheets at fair market price. With this true sale, some property appreciation may be realized. After REIT fund-closing, the owner developer may play the role of a property manager or consultant, thus sharing some NOI profit throughout the project lifecycle. When rolled out, securitization becomes an effective way of building best practice across the industry.

In brief, financial structure is related to fundraising feasibility, investor's consideration and repayment capacity. The most important consideration being the project's profit-making ability and stable cashflow. As a public fundraise entity, REIT is required to adopt high standard of financial reporting and transparency. However, its tedious reporting may be a setback for some industry players.

　　收益型不動產的投資人希望取得低廉的資金成本，除了找股權投資人，也會訴諸融資、發債對大眾募資、不動產證券化等方式。有效的財務安排，不僅能使集資順利，且可取得合理的資金成本。

　　傳統建商是以高獲利掛帥，推案著眼於快速出清。一個銷售建案是以土地抵押取得融資，經常在三年內就償還貸款，因此餘屋不造成公司債務的壓力。在過去三十年，台北市精華地段的房地產，十年長一倍屬普遍。平均三年清空退場，二成至三成利潤，清償貸款後即轉進下一個案子。

　　反觀長期持有的收益型不動產，往往是中長期放款，在十五至二十年的營運期間固定償還。債務長期掛在公司報表上，會影響公司的負債比例和銀行的授信額度，故對於低至5% 左右的收益型不動產投資，興趣不高。對於投資收益型不動產的業者而言，其資金成本不同，對於投資報酬率的要求也不一。此點導致投資者購買和處分資產的操作方式，都有所不同：

　　1. 建設公司要求的投報率：住宅企劃案推出後，採預售制，三到五年出清，專案投報率在二至三成，興建完後土地和建物得以變現償債。降低自有資金投入的方式之一，是以預售資金投入興建，降低銀行貸款成數。這類型的投資者在興建期間即尋找長期使用者，待完工滿租開幕後接手營運。長期使用者因此形同不持股的投資人。

　　2. 壽險投資要求的投報率：金管會設下的低標是 2% 左右。投報率的要求端看壽險公司過往內部資金成本，這主要

取決於承作保單的平均利率成本，介於 2%～5% 之間，逾十年以上。壽險業者會著眼於施工期短（受限於法規），風險小，長期營運獲利的投資案。壽險保單經常是十年、二十年、三十年滿期，因此找到一些相同期限能穩定獲利的投資案，有助於滿期金或理賠金的給付。壽險業受限於法規禁止借款之故，都是以自有資金投入。

3. 避險基金或基金公司要求的投保率：介於 15%～25%，五至七年的投資期。這麼高的投報率，顯然超出收益型不動產的平均值甚多。因此，逢低承接，逆轉處分，是成功的關鍵。當然，這類型基金也會利用高槓桿（借款），以提高報酬率。

大金額的中長期投資案，往往需要藉由財務架構，與原公司的財務分離，同時將貸款風險適當管理。這意味著管理可能分離，人員專司其職，成立一個獨立事業體的概念。

第一節　傳統土地開發資金用途與來源

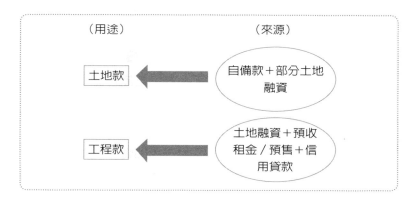

　　土地開發需要土地資金和工程資金；土地通常由自有資金股本或部分由土地融資支應。工程款則由部分土融、部分預售或預租流入的資金、部分信用貸款支應。

第二節　財務獨立的安排

　　此部分可分信託專戶和專案公司。

　　一、信託專戶：信託專戶除享有一些賦稅優惠以外，若發行受益憑證，其孳息採分離課稅。信託主體不可借款，因此，往往向不特定大眾或特定法人募資。架構上，投資人無法提前退場，必須在信託期滿結束，才可處分資產。

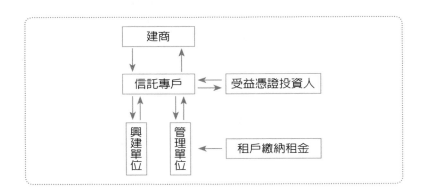

　　倘若按照上述架構，等於將整個案子都出售了，利潤從何而來？其實，建商仍可設算一部分金額發行受益憑證，這是當建商自有資金不足，銀行融資也不足的情況下，可以發

行受益憑證。當然，當建商將土地處分移入信託體時，即已實現了部分利潤。對外募資的用意之一，便是將這一塊利潤提前兌現，讓建商的貢獻可以提前兌現。

二、專案公司：受益憑證的設計，是補足融資不足的額度，因此要求的票面利率會比銀行放款利率為高。若是建商的額度和債信皆足夠，他大可以採行比信託機制更彈性靈活的專案公司制。公司制可洽融資、發行債券、增資等。雖然要課營所稅 20%，但倘若專案適用「促參法」，可享有投資抵減。最大的利基是，公司可隨時清償或處分資產等財務操作而不受約束。專案公司的另一個好處，是可以轉投資或與人合資成立子公司。收益型不動產初期，和營運相關的委任顧問不少，為的是確保長達十五、二十年的穩當營運。

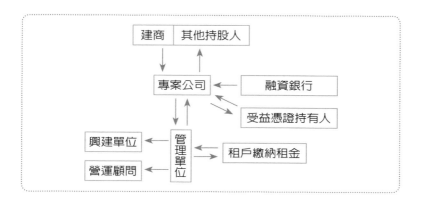

第三節　不動產證券化

　　不動產證券化與上述信託架構類似，只是引用專門法。有別於發行信託憑證，不動產證券的投資人是小額投資人，可在流通性較佳的集中市場交易。不動產證券化也是有信託契約所規範的存續期。依「不動產證券化」條例設計的架構，前置作業多而完整，需先報准金管會，才能向不特定大眾募資。符合證券化的標的，必定是具有穩定收益的好標的，倘於興建期則需封閉幾年，未來再開放處分。

　　投資大眾著眼於比銀行定存利率爲高的收益證券；開發商著眼於將資產求現並移出自身的資產負債表。持有多年具漲價空間的資產，可藉由交易之機一次將獲利入帳。以實價交易移入信託專戶後，開發商即可轉成受委任的服務單位（資產管理單位），收取固定報酬。

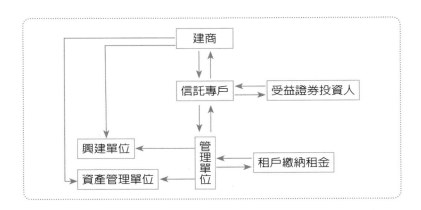

　　無庸置疑，收益型不動產的收入結構，將改變開發商的
經營獲利模式，提升營運的專業度。

　　總而言之，財務架構與募資管道的可行性、投資人的營
運考量、產品的 NOI 都有關係。最主要是案子要有獲利能
力，因募資的規模端看還款的現金流量。大眾集資的管道，
通常要求高標準的經營能力和透明的財務資訊。繁瑣的報
告有時讓人為之卻步，但卻不失為讓主事者專業升級的好方
法。

第五章

招商與租約架構

SUMMARY

Chapter 5. Tenancy Leasing and Lease Agreement Structure

5.1 Pre-Leasing is very important to the successful take-off of an income property. It ensures future cashflows and establish the project with a good reputation in the market. Pre-Leasing helps to inject funding to offset loan amount. Pre-Leasing period coincides with the last phase of project construction wherein tenancy fit-out is undertaken simultaneous to project completion. The idea is to have both the tenant and the contractor work in collaboration to prevent repeated spending. The amount saved on the part of the owner or tenant could be negotiated into expense reduction for either party and incorporated into the lease.

5.2 In some cases such as Costco Warehouse where only a single tenant is involved, a long-term lease will be signed between the landowner and tenant to secure pre-payment upfront. It will be used as equity towards construction, or as collateral for bank loans. In the same way, special users like cinemas, fab plants, clinics, all sign long-term leases with landowner developers. In these cases, construction will be carried out in Built-to-Suit (BTS) manner to fit tenancy need. Single tenants may also act as joint investors when a new company is formed solely for such undertakings.

5.3　Long-Term Lease include four main areas—base rent and turnover percentage, shared expense, product positioning, special provisions. Shared expenses may include land tax, property tax and capex. Special provisions may include facilities improvement, service level and fees, and property insurance. Property insurance includes at least Fire Damage, General Liabilities. Some may include Business Interruption Liability. This is to tranfer potential risks which may cause payment shortage in operation.

5.4　Short-Term Lease is structured simply with standardized terms which differs by property types. Leases can be roughly classified into three categories—3-year lease, 1-year lease, and Usage Agreement. 3-year leases are typically used in Grade A office leases; 1-year lease for Grade B office leases and shared spaces. Usage Agreement is typically used where no clear premise area can be defined, such as parking space, co-work space, common area usage right.

第一節　以招商為資金來源

　　興建資金有部分來自預租的押金收入。預租（pre-lease）對於全案能順利開幕起飛，有著關鍵的重要性。在開幕前能完成七至八成的預租，代表財務預估不是紙上談兵，且可以在周邊鄰里締造口碑，也可以紓解營運初期資金的需求和貸款的壓力。預租的時間，與工程的最後一階段是重疊的。鎖定大型承租戶後，業主方的專案管理單位，先依據承租戶乙工程（裝修）的需求，將交屋的設備點交，租金折讓納入租約談判中。當與承租方確定承租期間的租金後，雙方即進行簽約預付押租金。不動產投資方的訴求是收益率；承租方的訴求是以最低預算成案，雙方達到目標和共識後，才能順利用約。

　　這種預租的概念，類似公共建設預先鎖定未來用戶，簽訂長期租約的做法。電廠的「租戶」實際上是「使用端」（用戶）；以捷運站體開發而言，「使用端」是乘客。公用事業需先提供預計的用戶量，甚至保證用戶量，才能成功吸引民間參與投資開發。

第二節　長期租戶形同共同投資人

　　土地所有權人，可能會為單一使用端，開發興建設施，坐收長期租金。例如量販店業者好市多（Costco），公司的

發展策略為不自購土地，而是與土地所有權人簽訂長期租約，委由營建業興建。量販業者不希望涉入營建流程，只想單純經營本業，因此以預付租金的架構，簽訂長期租約，此租金可作為營建資金。租約期滿保有優先續租權。業主在取得這樣的長期承諾後，才會進行開發，並以此租約向銀行融資。

　　類似的營運模式還有影城，例如早年的華納威秀在信義計畫區的旗艦店，也是簽訂土地的長期租約。另有品牌飯店經營者，以相反的方式操作，與出資興建者簽訂長期營運特取權，收取由開發業者逐年給付的權利金。飯店經營者（Hotel Operator）等同以技術入股，從日後營運抽成。飯店經營者能透過品牌星級的全球銷售網路，讓全案順利起飛。醫療設施經營者、Outlet 經營者，或是工業用地使用者採「量身訂做」（Built to Suit, BTS）的方式，都是採類似的長期合作模式。雙方合作需仰賴長期租約，規範雙方的權利與義務。無論是由承租方預付，或是經營者以技術合作保證營收抽成，都能讓開發商的預期收益達到某種程度的確定，而經營者則能專注於本業，不需掛心於興建大業。

第三節　長期租約與條款

　　一般分為包底抽成、費用分攤、物管等級與費用、特約條款等四部分，約定雙方的權利與義務。

一、包底抽成

1. 底租：與經營績效無直接關係的租金。這是租金的底層結構。

2. 抽成：當營運績效到達某一水準後，採營業額分潤抽成。

3. 級距抽成：抽成的進階版，以階梯級距方式計算租金抽成。

二、物管費用以外的費用分攤

1. 明定地價稅、房屋稅的負責方或甲乙雙方分攤方式。

2. 明定資本支出、租約到期更新的設施改善項目。

三、物管等級與費用

明定管理費計算的方式，或是清潔費、電費等營運費用的給付水準。此處也會訂下維護等級，例如外牆清洗頻率、符合政府法令的消防申報、重要設備的維護、零件替換等涉及承租方額外給付的條款。

四、特約條款

1. 解約罰款；延遲繳納罰款。

2. 限制雙方租約轉讓條款。

3. 限制使用及租金漲幅的條款。

4. 由房東承諾提供承租方需要協助的事項。

5. 破產、風災、停業情形；約定優先償還貸款專戶、租金繳付頻率、興建期間承租戶的權利等。

6. 產險：房東負責火災保險，約為資產估值之 0.04%～0.08%、保障資產遭到火災、天災等意外事故毀損或滅失的損失。

出租方、承租方皆會投保公共意外責任險，由出租方負責全棟設施、承租方負責租戶區內營業行為或營業處所造成第三人傷、死亡或財損之風險，這是以每坪計價（例如 15～20 元／坪）。前兩項是設施不動產投保的項目。除此以外尚有營運中斷險、專業責任險等。

原則上，出租方基於確保已投入的成本，會要求承租方穩定繳租金。確保租金相關的規範可分二類：一為營業績效的承諾，一為不可抗力事件發生時的保全措施。倘若建物仍有貸款尚未清償，借款銀行對於租金有優先主張權利；當出租方無力償還抵押貸款時，銀行擁有承租方的租金主張權利，這通常會載明在租約內。

總而言之，承租方希望專注於本業。對於地主或開發商來說，這是一個提供加值施工服務的商業模式，享有量販業者進駐提高土地價值，又不需要賣斷資產，委實是個創造雙贏的好方法。

第四節　短期租約

與長期租約完整詳盡的架構相比，短期租約單純且押金相對少。因業種的不同，租約架構也不同（辦公室、購物中心、混合使用）。

　　A 級辦公室一般為三年租約，B 級辦公室特殊情況會是短期一年租約，但租金通常較高。購物中心的短期租約出現在小店面、美食街，或走道的臨時攤位（例如花車）。屬於零裝修成本或低裝修成本的短期租約，租戶無須擔負攤銷費用。這類租約的單價高，但房東的行政成本也高。另一種短期租約的形式出現在共同工作空間（Cowork Space），以每小時或座位計收，與其說是租約，更像是使用約定。

　　接續的第六、七、八章，將分別介紹辦公室、購物中心、飯店開發類型。

第六章

商業辦公大樓的投資
與營運管理

SUMMARY

Chapter 6. Commercial Office Investment and Management

6.1　Centralized space usage characterizes high-rise commercial offices which are usually located in land plots with the highest Floor Area Ratio (FAR) zoning. High-rise is defined by height exceeding 50 m in Taiwan, and supertall defined as those exceeding 100 m in Japan. Such structures pay special attention to the two E's—Efficiency Ratio and Energy Efficiency. The better the performance, the more competitive the product for leasing. Energy efficiency goal aligns with United Nation's Environment Sustainability Governance (ESG) with its emphasis on zero carbon emission. Standards that govern Energy Efficiency are such as LEED, BREEAM, EEWH. In terms of Efficiency, building service core area which covers elevators, stairwells, E&M spaces, is a minus item in calculating Area Efficiency. The ideal net leased area per floor is around 500-600 ping, and preferably square or rectangular in shape. A Test-fit is usually undertaken to determine the usage efficacy prior to lease-signing. The emergency escape stairwell affects the planning of the circulation route in layout in that the egress route will converge to stairwells.

The fact that the lifecycle span of a building is 60 years

by accounting standard means that operation efficiency throughout the building's life cycle weighs high in pursuing energy efficiency. According to LEED criteria, a large part of operation efficiency lies in the area of water, power usage, materials and waste. Water refers to water-saving measures and rain-water recovery. Power usage refers to energy efficiency specifically that consumed by AC and Vertical Transportation. Material refers to using recycled materials (from cradle to cradle) and waste refers to waste disposal and recycling.

Smart Building enables energy efficiency by its deployment of sensors for detection and auto control. Energy sensors become an effective mechanism combined with security surveillance.

6.2 Commercial office management is divided into property management (PM) and facilities management (FM). Property management is undertaken by landlord mainly in the common area and building core. Facilities management refers to the services provided to tenants inside the leased space. A large part of it lies in cleaning, security and sundry repair. Properties Management tools are such as Maintenance Schedule and Repair Schedule. They work mostly behind the scenes. Whereas, FM service is evaluated based on Customer Satisfaction Surveys for they offer direct service to tenants. Both cost efficiency in vendor management and tenant relationship management are important for FMs of commercial office buildings. Both the PM and FM jobs may be outsourced in part after some cost-benefit analysis. Leasing is separate of PM and FM, but may be additional functions of these two. From the perspective of tenants, they face renewal/relocation decisions every three years or so. Careful evaluation of total relocation cost and lease aggregate is undertaken to be compared with in-situ lease renewal. The key to their decisions lies in fit-out costs and reinstatement fees.

6.3　Commercial office leasing follows each property manager's Strategic Occupancy Plan (SOP) whereby zoning vertically by low, middle, and high zones separated by sky lobbies reflects pricing strategies. In high-rise office buildings, high zone offers the highest rental with tenants who pay the highest rent—corporate banks, investment brokerage, internet games. In the middle zone with above average rental are located professional firms such as legal firms, accounting firms who may occupy continuous floors. The low zone offers average rent and may be reserved for anchor tenants. Strategically, anchor tenants are given top priority and most concessions in leasing. Next is the middle zone tenants, with rent climbing gradually up to the top zone. Tenant interests are indicated by Letter of Intent (LOI) which spells out the terms of the actual lease agreement to be signed. Basic items in an LOI are such as lease duration, rent, premise handover date and handover situation, reinstatement fees, security deposit, escalation, penalty. An item that demands both the tenant and the landlord's collaboration is renovation fit-out. Each building premise will have its owners distinctive requirements, and tenants need helpful guidance from property owners to undertake fit-out work.

6.4　Commercial Office Economics

Grade A office will follow industry benchmark by providing redundancy in important equipment which is accounted into the total cost of building. The operation expense is usually offset by additional management fees collected. Monthly, a 30%-50% of management fees is reserved to roll into the cumulative balance for major capex in the future. Commercial Office has few deductible items off rent, NOI can go over 90% of revenue, with an IRR of 6%-10% and a payback in 16-20 years.

第一節　商辦的規劃

　　商辦因爲是貿易經商的行政樞紐，爲集中辦公所需，位於都市商業核心區，可藉由四通八達的交通網絡抵達。集中辦公可省去交通碳排放，因此垂直發展是必然的現象。商業區的土地使用分區往往是全市最強的，高達 800% 容積率比比皆是。以容積獎勵或容積移轉建造，達到超高層（台灣稱 50 公尺以上或樓層 15 樓以上之建築物爲高層建築。而「超高層建築」之高度分界限，以日本 100 公尺以上爲準）更是大有人在。隨即而來的課題便是建築的面積「效率」（Efficiency Ratio）和「能效」（Energy Efficiency）「雙效」。「效率」是指淨租賃面積與總樓地板面積（含公設）的比率，這是越高越好；「能效」是指建築物的耗電效率，越有效率越好。目前台灣建築中心正逐步朝「建築能效」準則擬定邁進。

　　相關數據顯示，都市與建築貢獻了四成的碳排放。近年來，聯合國的「環境永續治理」（Environment Sustainability Governance, ESG）與低碳訴求，使得建築的「雙效」更被關注。這也是商業租戶所關注的，因爲許多外商和本地商，都早就開始尋求進駐有綠建築標章的建築物，不論是由「台灣建築中心」頒發的「綠建築標章」（EEWH），或是「美國綠建築協會」（USGBC）頒發的「能源與環境設計領袖」（LEED）標章。這些認證證明了商辦若符合永續和節能特性，有利於招租，也有利於日後租戶申請室內裝修項目的綠建築認證。以下從三方面說明評估商辦的主要考量。對於已

興建完成的商辦大樓，這些評估是重營運管理的評估。

一、「骨」小「肉」多的規劃設計

　　商辦的最佳範例，以商辦摩天樓群聚的芝加哥或紐約的典範大樓 Willis Tower（前 Sears Tower）為說明。在規劃上，此大樓是標準超高層辦公大樓的典範，「骨」小「肉」多。「骨」指的是電梯、機電管道間、結構柱等會侵蝕寶貴的使用面積的構造；「肉」指的是集中空間。一般業界對租賃的要求，單層樓最適合的租賃面積約 500～600 坪，且要力求完整不分散。至於 L 形或不規則形平面，最好靠家具配置來測試空間可行性（Test-fit），以免走道耗去過多空間。商辦大樓的空間效率，一般介於六成至七成，超高層會低一點。

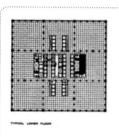

TYPICAL LOWER FLOOR

TYPICAL SKY LOBBY

Sears 採垂直遞減九束中空束筒（tubular）構造，辦公空間為無柱 21M 大跨距空間。50 ～ 66F 成七束、67 ～ 90F 成五束、90F 以上減三束、最後二束升至 110F。每一個方塊（含電梯在內）約等於 500 坪左右，扣除核心電梯區，方塊淨面積約為 250 ～ 300 坪。以九宮格方塊而論。最大租賃面積約 3,000 坪；最小 300 坪。

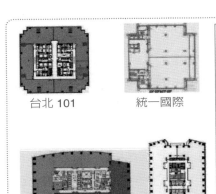

台北 101　　　　統一國際

台北 101 的最大單層淨租賃面積約等於 Willis 的三分之一，700 ～ 900 坪之間。因耐震考量柱子更大。
統一國際大樓是單邊核心平面，當層樓面積約 700 坪。

國泰置地及南山廣場，兩棟的單層樓面積都是將近 1,000 坪，都採束筒構造。

國泰置地　　　南山廣場

　　由於大樓的消防逃生動線以二大區最為普遍，依各地法規不同，限制單層面積在法規最大容許（例如 1,000 坪以下），否則勢必要增加第三區逃生動線，使得大樓公設比提高，空間效率下降。

二、建築物的生命週期營運能效與綠建築

　　建築物在興建時，必然增加許多碳足跡（Carbon footprint），從材料生產和運送，到基地開挖、施工組裝等。開幕營運後，大片的帷幕窗加上長時間的空調，勢必增加能耗。倘若設計缺乏能效考量，例如 Low-E 窗戶、水冷式空調系統、綠鋪面等節能設計手法，營運期要發揮節能，就只能有賴管理措施。因此，建築物能效，絕大部分是設計時就定案了。

　　建築物的折舊年限為六十年。有許多建築物屆齡了，仍繼續被使用著，因此建築物生命週期的營運耗能，更甚於

興建時的碳排放。這是需要發揮更多努力才能提升營運能效的地方。台灣的「建築能效標示」即將上路，是內政部因應 2050 淨零路徑的淨零建築目標。筆者曾經於 2016 年率領團隊達成美國綠建築 LEED v4 營運類別全球最高分認證的經驗，深知 LEED（或世界各地的建築效能）評比項目，主要分成「水、電、建築材料與廢棄物再生」幾大項目，扼要說明之：

水是指省水措施，包括省水閥、節水龍頭，還有雨水回收等。

電是指空調的熱負荷以及節能做法，這有硬體面、軟體面兩方面的措施。硬體面指的是空調系統的設計，例如冰水系統或變頻系統，以及送風機到出風口的輸送距離能效。其次為感應式節能，例如燈光和電梯等各類耗電的設備。至於軟體面則概略含括分時分區運作和尖峰降能的方法。

建築材料專題則是指如何利用計畫植樹的紙漿、木頭，如何有效追蹤再利用建築廢棄物和一般廢棄物。其次，也推廣有利於健康的低揮發性塗料，以及維護室內空氣品質（二氧化碳濃度）等。

建築能效只是綠建築的一環，著重硬體設備面。綠建築另包括循環用電、再生能源、原生物種保存、永續基地等。業者不斷推陳出新的手法，甚至與人對環境舒適的體會，結合在一起。這些過去是分門分科別的專業執掌，如今猶如打通任督二脈一樣，匯集到建築物週期的管理上，且超過硬體和設備面向，進到了空間和以人感受的 WELL 認證。其中除

了承襲原有的議題：空氣品質、水資源、材料、採光以外，另增加了滋養、動線、熱舒適感受、聲音、意念及社群，總共十個概念。面對永續議題，建築的訴求從能效，提升到了社群營造的面向，這才是真正落實了 A 級商辦的管理精神。

　　無庸置疑，建築物在規劃設計階段，應以生命週期營運的高能效為目的，予以設計考量。導入好的敷地配置與建築設計，加上興建後的節能設備，雙管齊下。實際上，許多建築營運和設備的考量，例如空調系統、給排水、廢水處理、防日照能耗等，是必須在設計時就納入整體考量內的。

三、智慧建築與公共區域規劃

（一）智慧建築

　　台灣的「智慧建築標章」於 2004 年啟動，以智慧建築標榜的成本效益智慧化系統與使用管理，作為智慧建築的定義範疇。標章以七大項指標——資訊通信、安全防災、健康舒適、設備節能、綜合佈線、系統整合及設施管理，作為評估體系。

　　近年常聽到的雲端管理（IoT），是配合工業 3.0 數位世代邁向 4.0 智慧世代的管理措施。IoT 是智慧建築感知系統連結使用端的工具。筆者過去在管理台北 101 大樓時，曾以「智慧大樓」為主題舉辦論壇。當時聚焦在設備資訊的整合，在數萬個感知偵測器的基礎上，進一步做大數據管理分析。眾所周知，一般大樓最初步的偵測佈點，是偵煙與熱感知器，空調溫度偵側等。在這些通報功能上擴充功能至自動

控制，用電耗能分析，將空氣品質、用水量、廢棄物回收等資料經年累月蒐集，匯集做大數據分析，使商辦升級成為智慧大樓。

　　智慧建築藉由儀器設備為感知神經源，提供大樓居民最舒適、健康、人性化、節能的服務。這主要是靠 IoT 連接租戶使用端的控管屏幕。租戶區內的使用行為，因隱私考量，被排除在大樓管理之外。若要各個偵測系統互通整合，就要在設計階段包含進來，否則事後追加偵測佈點，會需額外斥巨資修改，或窒礙難行。未來的智慧建築趨勢，是以 IoT 雲端網路監控管理的時代。所有的資訊分層分路，都能一目了然，並且能按需要產出分析報表，將物業管理提升到另一個境界。

（二）公共區域

　　空中梯廳（Sky Lobby）的餐廳、咖啡區、便利商店、共享空間、健身房、洗衣店、牙醫店，以及服務中心等，都是 A 級商辦可提供租戶的便利設施，也可增加租戶進駐的誘因。

　　最常見的是，A 辦會將大型會議室，集中設置在單一樓層，出租供租戶辦理活動，例如法人說明會、新人招募說明會、特殊節慶日的慶祝會或聯誼會等。日趨常態且亦成為基本配備的，包括無人便利商店、共享空間、員工餐廳、陽光室或休憩空間、哺乳室等。這些已成為人居環境評比的重要項目。

　　地下停車場也是屬於附加價值高的公共區域。各項智慧管理措施，例如車牌辨識、停車格偵測、廢氣排放偵測、電動車充電站、汽車美容服務等，也都是能提供差異化服務的地方。

第二節　商辦的營運管理

　　商辦的營運是軟硬體皆重要的。硬體指的是屬於房東的公共區域，由物業管理團隊管理；軟體指的是屬於租戶的設施區域，由設施管理團隊管理。如下列建築剖面圖示，粉色區塊為租戶區域；垂直灰色區塊為公共區域，例如電梯管道間、樓梯間、消防設備層、廁所茶水間、地下機電停車空間等。一旦清楚分出區域，就能一目了然物管偏重硬體管理，而設施管理偏向服務性質。物管人員可提供租戶區域的服務，例如設施叫修、保全、清潔等，但租戶也經常聘用自己的設施團隊，最常見的是保全、打掃、電腦機房管理與維修。設施管理聘用的人員，需要與租戶大量面對面溝通，因此格外注重人員素質。

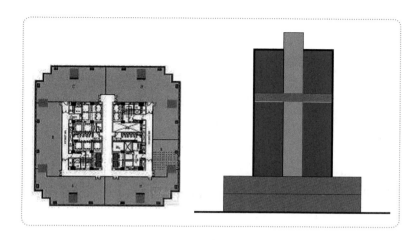

　　Ａ辦除了委任一流的駐廠電梯和機電維修人員以外，也會配置專業整齊的設施服務團隊。商辦要維持招租競爭力，避免落入樓舊價低的劣勢，就要細心維護硬體，也要特別講究軟體服務人員的水準。

硬體管理部分

　　電梯管道間、樓梯間、消防設備層、機電設備層、資訊系統管道間、垃圾集中區、中控室、變壓室、停車空間等。

軟體管理部分

　　叫修系統、保全、廁所茶水間、清潔與廢棄物回收等服務。最重要的是租戶關係的維繫與租約續約業務。營運最重要的目標，是租戶們以續約支持管理團隊，縮短換約時間，持續創下出租率高峰。高續約率仰賴平日優良的營運管理，加上硬體的穩定表現。

一、房東營運觀點

1. 全年營運計畫（Business Plan）：擬定全年營收和支出分項預算，然後據此執行計畫，將專案分期分月完成，一邊持續滾動修訂預算。營運計畫約在前一年的 10 月完成，經公司董事會核准後，隔年執行。

2. 租賃計畫（Leasing Plan）：根據招商策略計畫（Strategic Occupancy Plan, SOP）制定，將洽談中的租賃個案（Pipeline Projects）談妥，每月進行差異分析，修訂預期租金，然後以滾動式預算修正平均租金和進駐率。

3. 物管計畫（Properties Management Plan）：保全、機電、清潔、櫃檯等四大分項。執行設備維修更新的採購議價、按照期程進行維護管理（Maintenance Schedule）、按時依據「各類場所消防安全設備設置標準」、「消防安全設備檢修及申報辦法」、「建築物公共安全檢查簽證及申報辦法」向政府申報合格證明。

倘有會議室管理，此部分須定期做人員滿意度調查。

4. 資本支出計畫（Capex Plan）：依據前一年擬定之資本支出預算與工作項目執行。追蹤三、五年專案計畫的執行，滾動更新預算並更新資產負債表。

5. 租戶關係維繫（Tenant Relationship）：定期舉辦租戶活動，拜會訪談維繫關係。

6. 合約管理：占最大宗。包括設備廠商的維護合約的換約議價，也包括租約屆期管理和招租作業。

7. 委外管理：遴選服務廠商時，需循採購程序定期招標；自行管理者，須具備多種人才一應俱全：租賃、物管、機電、保全、清潔、公安等人力。管理費收入足以支應物管團隊每月費用，且有餘額。倘若建築樓地板面積不達經濟規模時，則物管費用勢必侵蝕租金收入，降低獲利。因此，委外管理的成本分析，是重要考量之一。

以下是邀標書的重點：

1. 廠商資格：妥善訂定人員經歷、財務狀況、績效，以致足夠多的合格廠商可以公平競標。

2. 服務水準：招標須設定服務水準，讓廠商得以依循。物管的服務水準，是指質的規範。例如事件發生時，約定半小時內抵達；設備故障時，約定 2 小時內或半日內排除。職場方面的服務水準，例如職場區叫修時，10 分鐘內抵達客戶端等。

3. 維護與零件採購：原建構的電梯、機電設備，多使用專屬規格零件，無法假他廠做零件更換。因此，業者應從採購之初就洽定保固和長期維護合約，以及零件價格。否則採購當下，形同承諾長期零件採購的義務，不利於採購比價。一種常見的做法，是將零件和工資分開，向原設備廠商量購專屬零件，再委託原廠或其他廠商維修。如此做可保有委任服務的議價彈性。

4. 整筆發包：倘若業者同時擁有多棟資產，一種做法是將各棟的維護合約整筆發包（Bulk-Tendering），可提高議價能力。藉由類型服務合約發包之機，將服務項目和單價予以分析平準化，邀請各家廠商在相同基礎下報價。

　　5. 系統相容性：涉及租戶裝修介面的系統設備，例如機電、消防、智慧控制設備等，在系統和品牌的選定上，要考量到日後與各品牌的相容性。否則將造成租戶的裝修成本提高，退租復原成本亦高，影響承租意願。

　　收益不動產的獲利穩定，但相對於股票投資，收益顯薄。房東在自行管理與委外管理之間，要做取捨平衡。許多房東會採合併方式，某些人力需求龐大且須專門證照和資歷管理的項目，例如租賃、機電、消防、保全等項目採委外。但日常與租戶的聯繫和裝修則自行處理。有時會因為保密和企業安全的考量，自己招募租賃和保全人員。總之，人員的培養需要時間。因此，初期全部採委外，或部分委外，幾乎是業界的常態。業主可視必要性增加或減少對委外的倚賴性。

二、租戶營運觀點

　　1. 設施管理（Facilities Management）：設施端的管理，主要有租戶區的清潔、保全、不斷電系統等的營運服務，由租戶自行洽定廠商辦理。但與大樓物管介面的機電、消防、空調、緊急電源，則洽請房東協助。

　　2. 租賃／續約管理（Leasing / Renewal Management）：在租約到期前最少一年半以上，承租方通常委外或自行辦理租賃評估，確認是否另覓新點或原址續租；兩者最大的差別在於裝修費用。

　　對於租戶而言，房東提供的優質服務，最好是「無感」的。租戶選擇租用大樓，而不是興建自用大樓，為的是省

事，能專注於本業。因此，越能不造成干擾的服務，甚或有
附加價值的，例如餐飲購物、洗衣、停車、洗車美容的折
扣，對他們都是誘因。

　　企業形象良好的強勢品牌租戶，往往是各個 A 辦大樓
爭取的對象。租戶在進行「蘋果與橘子」（註：不同標的之
間）的比較時，一定會平準財務評比，進行「蘋果與蘋果」
（Apple to Apple）的比較。首先將租約期間內的費用總計。
由於個別標的面積不同，可採現金值或折現值核算每坪每
月的單價做比較。總預算包括裝修費用（各標的裝修費用因
交屋情形而異）、期間實際繳納的租金（因免租裝潢期而
異）、管理費、期滿退租復原費用、通訊網路費、停車管理
費，以及任何須分攤房東公共區域的復原費用等。將此數除
以租賃坪數求出單價後，再除以租賃面積效率（1－公設比
率），得到淨坪有效租金（Net Effective Rent）。孰者爲低，
孰者勝出。

合約期限總費用 ÷ 租賃面積 ÷ 建築樓地板效率＝淨面積有效租金

　　但上述的操作模式，是純財務面的。不可量化的主觀因
素，也是評比項目之一。例如外觀美醜、交通便利性、距離
都市核心的遠近等，都是加權評鑑的因素。下列附表爲租戶
的評估步驟。

租賃勾稽表

1. 標的物規格

a/ 使用分區：	商三
b/ 行政區：	
c/ 不動產類型：	Prime A/A 辦
d/ 標準樓地板面積：	671 (ping)
e/ 效率係數（淨使用面積／租賃面積）：	62%（包括陽台）
f/ 停車場 & 類型：	244 部車／固定或浮動
g/ 樓高：	2.8 meter
h/ 高架地板：	高架式
i/ 大樓的所有權：	單一所有權 24F & 25F
j/ 命名權／招牌掛吊：	NO/YES 附帶條件經由主戶委員會或政府核准
k/ 交屋日期／進駐日期：	

2. 租約條件 & 交屋狀況

a/ 總面積／幾層樓：	1,342.43（坪）／10F&11F（全層樓）
b/ 租期：	5 年 + 5 年
c/ 表定租金／有效租金：	NT$2,800／坪／月；NT$2,576／坪／月（租賃面積）NT$4,141／坪／月（淨面積）
d/ 命名權／招牌／布條：	無／有（需經過住戶委員會核准 & 政府核准）
e/ 命名權／招牌／布條費用：	約 NT$150,000／月；需經過住戶委員會核准 & 政府核准
f/ 起始日期：	
g/ 租金調漲審核：	是
h/ 租金審核期間特約條款：	固定 3%；第四年開始
i/ 分租／轉租：	可，限於子公司或相關企業
j/ 租戶解約條款：	可
k/ 租戶解約條款罰則：	無，限於從第 37 個月開始，前 6 個月通知
l/ 戶東解約條款：	無
m/ 房東解約賠償金：	無
n/ 延遲交付標的賠償金：	無
o/ 更新合約選項／租期保護：	是／更新權利和租金限 10%
p/ 更新選擇的特約條款	有
q/ 更新租約時的租金特別約定	有
r/ 擴租選擇／優先續約權：	無
s/ 抵押金（幾個月租金）：	3 個月租金
t/ 免租期（幾個月）：	6 個月
u/ 期滿標的物復原約定	有
v/ 裝修需經房東／政府審核：	是
w/ 違約延遲繳納租金與利息：	無
x/ 停車約定	是

3. 營運相關

a/ 停車費：	NT$9,000（固定車位）+ NT$210 停車場管理費
b/ 搬遷與裝修費用：	NT5,000,000

c/ 管理費：	NT$220／坪／月
d/ 政府費率／稅：	5%（營業稅）
e/ 保險：	
f/ 保全／防災設施：	24hr 保全／有
g/ 修繕與維護：	
h/ 營運時間：	24hr（個別空調）
i/ 上班時間以外的 A/C 空調費用	依實際使用情形

4. 房東約定條款

a/ 緊急發電機：	有
b/ 衛星通訊	有
c/ 專屬電梯：	有（VIP 電梯）
d/ 專屬停車位：	是
e/ 自動感應漏水頭	是
f/ 偵煙器：	是
g/ 逃生梯數量	2
h/ 明架天花：	是
i/ 燈具：	是
j/ 空調冷氣／暖氣：	是
k/ 供電	518W／坪

5. 交易成本

a/ 仲介費用 & 支出：	1 個月
b/ 律師費用：	無
c/ 政府規費／印花稅	NT$3,000
d/VAT：	5% VAT

6. 租戶計畫成本

a/ 間接費用	TBO
b/ 數位與通訊費用	TBO
c/ 搬遷費用	TBO
d/ 房東交屋情形	明架天花、燈具、地毯、高架地板、空調
e/ 其他事項	TBO

7. 不動產所有權

a/ 所有權與結構	
b/ 借款人	無
c/ 底層租約	無
d/ 底層租約租金	無
e/ 貸方抵押權同意	N/A

3. 租或買的決策：針對租或買做現金流量分析。但只要位於台北市內，土地價格高昂的地段，租用的選項在現階段，仍屬較低成本的選項。企業租戶會考慮自行興建，主要是非財務性的考量，例如科技軟體業或廠房，有特殊規格的需求，或側重供電的穩定度，就會考慮購置土地興建自己的大樓。

4. 物管團隊協助租戶執行裝修：房東對於租戶的裝修工程的附加價值是大的，尤其是機電工程和室內裝修許可申請程序的熟悉度。首先，房東妥善管理大樓，讓大樓符合建築和公安法令，就能準確預估申請室內裝修許可的進度，讓設計施工能順暢。這對於免租裝潢期的掌握幫助頗大。裝修工程的臨時供電、用電量估算、消防系統搭接等，都能即時。此外，若房東還能提供室內裝修台灣綠建築（EEWH）或 LEED 證照申請的協助（例如商辦本身已經是 LEED 認證），則更為有利。

房東也能提供施工的勞工安全說明服務，施工廢棄物回收的協助。這些都有助於落實租戶 ESG 和房東 ESG 共同體的理想與原則。

辦公室租標的相互比較表

標的名稱：

	本案標的	1	2	3	4	5	6
比較標的	Q1 2010	Q1 2010	Q1 2010	Q1 2010	Q1 2010	Q1 2010	Q1 2010
樓層	10F&11F	30F&31F	11F	26F	22F	27F~28F	29F~30F
大樓名稱	A	B	C	D	E	E	E
租期（月）	66	65	38	64	60	65	63
合約租金（月/坪）	NT$2,800.00	NT$2,750.00	NT$2,600.00	NT$2,900.00	NT$2,750.00	NT$2,900.00	NT$2,973.00
特別允讓條款							
1. 免租（月）	6	9	2	8	6	9	3
2. 其他允讓約定	NA	NA	N	NA	NA	NA	N
3. 房東提供	NA	NA	NA	NA	NA	NA	NA
有效租金（可租賃面積）	NT$2,576	NT$2,405	NT$2,488	NT$2,576	NT$2,508	NT$2,536	NT$2,831
租賃坪數	1,342	1,709	300	665	652	1,342	820
建築物效率	62%	59%	60%	62%	62%	62%	62%
有效租金（淨面積）	NT$4,141	NT$4,076	NT$4,146	NT$4,141	NT$4,033	NT$4,078	NT$4,552
調整（+ve 較差的向上調整 & -ve 較佳的向下調整）							
地點	0%	2%	0%	0%	0%	0%	0%
建築外觀品質	0%	0%	0%	0%	0%	0%	0%
標的特別優惠	0%	0%	0%	0%	0%	0%	0%
空間環境	0%	2%	0%	0%	0%	0%	0%
租約內容	0%	4%	5%	3%	5%	5%	4%
景觀、樓層、環境等等	0%	-3%	5%	0%	1%	0%	-3%
總調整	0%	5%	10%	3%	6%	5%	1%
調整後的有效租金（淨面積）	NT$4,141	TNS$4,280	NT$4,561	NT$4,266	NT$4,275	NT$4,281	NT$4,598
比較 %	100%	103%	110%	103%	103%	103%	111%
評比							
資料來源							
進駐公司名稱							
聯絡人							
電話號碼							

現金流量表
五年租約 1/OCT/2010 TO 31/SEP/2015

基本租約條款 & 不動產資料

單位 / 樓層		
面積	1,342.46	ping
租金[1]	TWD 2,800.00	ping
租金調漲	3%	第4年
免租	0	月
管理費[1]	TWD 220.00	ping
抵押金	3	月
裝修期	7	個月

總租期 67 月　　租賃面積 1,342.46 ping　每月租金 TWD 3,758,888 每月
淨面積 62.2% 效率 (包括陽台)　Fκ 32.5

Nominal Cashflow[2]

期	月	TWD	押金	租金	管理費	停車費	廣告招牌費	費用	IT 資本支出 + 循環費用
1	20010/4/1	TWD	11,276,664	0	0	0	0		0
2	May-10	TWD		0	295,341	0	0		0
3	Jun-10	TWD		0	295,341	0	0		0
4	Jul-10	TWD		0	295,341	0	0		0
5	Aug-10	TWD		0	295,341	0	0		0
6	Sep-10	TWD		0	295,341	0	0		0
7	Oct-10	TWD		0	295,341	0	0		0
8	Nov-10	TWD		3,758,888	295,341	110,520	250,000		0
9	Dec-10	TWD		3,758,888	295,341	110,520	250,000		0
10	Jan-11	TWD		3,758,888	295,341	110,520	250,000		0
11	Feb-11	TWD		3,758,888	295,341	110,520	250,000		0
12	Mar-11	TWD		3,758,888	295,341	110,520	250,000		0
13	Apr-11	TWD		3,758,888	295,341	110,520	250,000		0
14	May-11	TWD		3,758,888	295,341	110,520	250,000		0
15	Jun-11	TWD		3,758,888	295,341	110,520	250,000		0
16	Jul-11	TWD		3,758,888	295,341	110,520	250,000		0
17	Aug-11	TWD		3,758,888	295,341	110,520	250,000		0
18	Sep-11	TWD		3,758,888	295,341	110,520	250,000		0
19	Oct-11	TWD		3,758,888	295,341	110,520	250,000		0
20	Nov-11	TWD		3,758,888	295,341	110,520	250,000		0
21	Dec-11	TWD		3,758,888	295,341	110,520	250,000		0
22	Jan-12	TWD		3,758,888	295,341	110,520	250,000		0
23	Feb-12	TWD		3,758,888	295,341	110,520	250,000		0
24	Mar-12	TWD		3,758,888	295,341	110,520	250,000		0
25	Apr-12	TWD		3,758,888	295,341	110,520	250,000		0
26	May-12	TWD		3,758,888	295,341	110,520	250,000		0
27	Jun-12	TWD		3,758,888	295,341	110,520	250,000		0
28	Jul-12	TWD		3,758,888	295,341	110,520	250,000		0
29	Aug-12	TWD		3,758,888	295,341	110,520	250,000		0
30	Sep-12	TWD		3,758,888	295,341	110,520	250,000		0
31	Oct-12	TWD		3,758,888	295,341	110,520	250,000		0
32	Nov-12	TWD		3,758,888	295,341	110,520	250,000		0
33	Dec-12	TWD		3,758,888	295,341	110,520	250,000		0
34	Jan-13	TWD		3,758,888	295,341	110,520	250,000		0
35	Feb-13	TWD		3,758,888	295,341	110,520	250,000		0
36	Mar-13	TWD		3,758,888	295,341	110,520	250,000		0
37	Apr-13	TWD		3,758,888	295,341	110,520	250,000		0
38	May-13	TWD		3,758,888	295,341	110,520	250,000		0
39	Jun-13	TWD		3,758,888	295,341	110,520	250,000		0
40	Jul-13	TWD		3,758,888	295,341	110,520	250,000		0
41	Aug-13	TWD		3,758,888	295,341	110,520	250,000		0
42	Sep-13	TWD		3,758,888	295,341	110,520	250,000		0
43	Oct-13	TWD		3,758,888	295,341	110,520	250,000		0
44	Nov-13	TWD		3,871,655	295,341	110,520	250,000		0
45	Dec-13	TWD		3,871,655	295,341	110,520	250,000		0
46	Jan-14	TWD		3,871,655	295,341	110,520	250,000		0
47	Feb-14	TWD		3,871,655	295,341	110,520	250,000		0
48	Mar-14	TWD		3,871,655	295,341	110,520	250,000		0
49	Apr-14	TWD		3,871,655	295,341	110,520	250,000		0
50	May-14	TWD		3,871,655	295,341	110,520	250,000		0
51	Jun-14	TWD		3,871,655	295,341	110,520	250,000		0
52	Jul-14	TWD		3,871,655	295,341	110,520	250,000		0
53	Aug-14	TWD		3,871,655	295,341	110,520	250,000		0
54	Sep-14	TWD		3,871,655	295,341	110,520	250,000		0
55	Oct-14	TWD		3,871,655	295,341	110,520	250,000		0
56	Nov-14	TWD		3,871,655	295,341	110,520	250,000		0
57	Dec-14	TWD		3,871,655	295,341	110,520	250,000		0
58	Jan-15	TWD		3,871,655	295,341	110,520	250,000		0
59	Feb-15	TWD		3,871,655	295,341	110,520	250,000		0
60	Mar-15	TWD		3,871,655	295,341	110,520	250,000		0
61	Apr-15	TWD		3,871,655	295,341	110,520	250,000		0
62	May-15	TWD		3,871,655	295,341	110,520	250,000		0
63	Jun-15	TWD		3,871,655	295,341	110,520	250,000		0
64	Jul-15	TWD		3,871,655	295,341	110,520	250,000		0
65	Aug-15	TWD		3,871,655	295,341	110,520	250,000		0
66	Sep-15	TWD	-11,276,664	3,871,655	295,341	110,520	250,000		0
總計		TWD	0	224,368,025	19,197,178	6,520,680	14,750,000		

假設:
年折現率 8.00%
每月折現率 0.6434%

總結盤路
淨有效租金 (G.F.A.)*⁴ :　TWD $4,490.17 坪/月
淨有效租金 (N.F.A.)*⁴ :　TWD $7,218.92 坪/月
*包括所有支出: 管理費、停車費

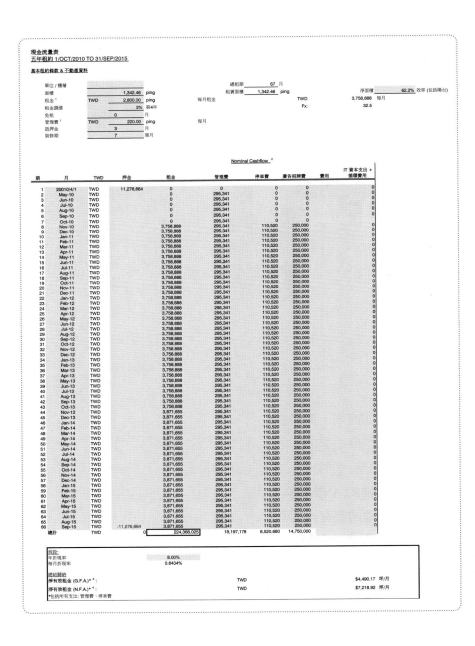

第三節　商辦的招商與租約

一、招商流程

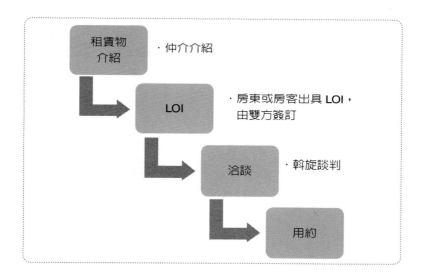

　　一如商場，商辦也是有主力租戶（Anchor Tenant），這些租戶是高品質的 500 大企業，具有跨國正派經營的形象，也可能是新興的科技業。他們租下大樓連續樓層的面積，奠定了大樓的 A 辦形象。好的租戶就是 A 辦大樓的品牌，最好在開幕前要有八成到位，以奠定租金價位和市場定位。

　　房東通常會制定 SOP，將建築物以空中梯廳分為低、中、高樓層，制定垂直區劃（vertical zoning）。不同樓段以不同價位招租，也因應各行業對租金水準的接納度。

　　例如高樓層租金價位最高，通常是金融、證券業，或是網路遊戲科技業。中樓層則為一般事務所，因租金稍低，可連續性跨樓層租用。至於低樓層，因為價格最為低廉，通常最早進駐，且是連續樓層大面積的租用。

　　優先順序上，要先針對主力租戶招租，因為主力租戶有品牌和吸客效應。倘若不是讓主力租戶優先選定樓層，待其他租戶進駐後，連續樓層可能就難取得，讓潛在主力租戶的進駐計畫破局。因此，針對主力租戶往往簽訂長期租約，還有免租裝修期的優惠。

　　招租初期釋出中低樓層、中間租金價位的樓層。然後慢慢將價位和樓層往高處推，且盡量集中面積招租，切忌過於分散，以免造成零星空坪。

二、條件設算與談判

　　如上述，租期的總租金是談判關鍵。總租金的組成，是以承租意向書（Letter of Intent, LOI）的主要內容為主：

1. 單元與面積：參如招租面積圖。
2. 合約起訖日。
3. 每坪租金：牌告租金，以每月租賃坪數計收。
4. 管理費：同樣以租賃坪數計收。
5. 免租裝潢起訖日期。
6. 點交日。
7. 交屋狀況：依租賃標的不同，雙方談判的結果。

　　若非特別要求，房東往往以現況交屋。倘若現況留置了前一租戶的舊裝修隔間和家具，這就成了談判的籌碼，有一方要負責清空，通常是房東支出額外費用將現地復原。租戶亦可要求增設天花板、高架地板、空調送風機等，交屋情況通常等同還屋情況。

　　另一方面，承租戶也會視現場情況，衡量最有利於自己的交屋狀況。承租方若需要快速進駐，也會選擇沿用現有的裝修隔間，一方面可節省申請裝修許可的時間，一方面可節省裝修花費。

　　承租方提意向書之前，會現場勘查確認空調送風機、高架地板、礦纖天花、窗簾等，是否夠用。偶有發生天花板管道空間留設不足，需要降天花而造成撒水頭全面降管的需求時，這些額外的費用，也將列入談判的重點。承租方會請自己的室內裝修廠商一同現勘，繪製配置圖確認空間堪用後，估算裝修費用，納入總租金評估內一起談判。

　　8. 現地復原：雙方會約定屆期後如何交還租賃空間，以現況交還，或復原交還。交還時房東返還押金。

　　9. 押金：依照租期不等。通常一年租約繳付 1 個月押金。標準三年期租約，押金為 3 個月。繳付方式多為公司票據。

　　10.罰則：延遲繳付租金、延遲繳付水電費等，自逾期日起，每日懲罰千分之一應繳納租金。另約定違反裝修規定、違反租戶公約的罰則。

　　11.違約造成之提前解約：轉租他人、違反政府公共安全規定，或任何有損房東權益事項，房東可提前解約；承租方則不得提前解約。

12.期滿續約：優先續約條款以及續租租金。

13.租金調漲：依據政府消費者物價指數（CPI）調漲，或另行約定。

14.停車位：固定或彈性、數量、平面或機械停車位、每月租金及清潔費、約定停車時段等。

15.附件：其他特約條款，例如配合大樓消防設備與防火演習、點交清單、約定空間使用和待辦事項等。

此部分條款敲定後，承租方會進行財務設算，以決定租金底線。同樣的財務評估，出租方若也操作，可拉近雙方的預期，快速成交。

續約時，是以原點續租不需斥資修費，以及搬遷異地產生的費用進行比較，作為續約租金的談判依據。

三、裝修條款

A辦大樓房東為了維護大樓整體的公區和外觀水平，會針對裝修工程制定規範。這是以合約的附約或附註載明，點交時提供「裝修手冊」。主要規範：

1. 裝修時間：配合大樓上下班時間與電梯管制，規定廠商只能在非上班時間施作。

2. 裝修廠商：需申請室內裝修核准函、遵守勞工安全規定與政府各項法規，包括禁止聘用非法勞工、開工前的勞安講習、定期匯報進度、廠商員工規範、下包廠商行為規範、進料和廢棄物處置、完工前消防測試、核准後方可開幕營運等規定。

3. 禁止行為：大樓吸菸規定、禁用火或焊接工程防護措施、違法開工等。

第四節　商辦的財務評估與投資決策

一、成本

此部分在第三章第四節已有詳細說明。惟對 A 辦大樓的普遍期待，主要在設備面，要做到雙饋源、24 小時不斷電、消防與發電機 N+1 的「超額設計」（Redundancy）、緊急災情時的儲水儲電量（48 小時或更久）。緊急發電機往往只能供應公共區域的電梯和空調用電，以及租戶區的電腦機房和少量的緊急電源。倘若能不斷供應柴油，此部分時效則可延續下去。

發電機（Generators）位於地下室，經啟動後以燃燒柴油供電。燃燒柴油雖會造成氣味和黑煙（可經由濾網得到改善），但因不易燃燒較為安全，仍是市面上普遍採行的方法。近年來也有探討再生能源和儲備電池的供電，惟電池和太陽能板儲存的面積龐大，亦有供電網絡的問題尚待解決。

租戶端的不斷電系統是先以電池供電，設在電腦機房內，鮮有超過 2 小時供電的。超過此時效，必須適時搭接房東的發電機。其實，雙饋源供電設計，本不應出現斷電情形，但全台供電吃緊，超負載情形時有耳聞，因此不斷電系統和緊急發電機的定期測試，必須按時執行，才能確保斷電

的情況下，緊急發電機可供應全棟大樓的消防設施和供電所需。

　　上述商辦設計的特殊考量，導致成本較一般建物為高，另有中控室、耐震和制震設計、冷熱空調、冷熱水供應、高架地板和載重等。近期因綠建築和舒適度的要求增加，導致規格和成本提升。每一個設備的添購都代表一個長期的維護合約。因此，興建時即需考量長期營運維護的成本。

二、費用

　　商辦的營運費用由房東另外酌收管理費。

　　營運費用理當完全自管理費內扣抵。開幕前幾年，可以保固支應維護。

Occupany	占租金之比例
辦公室	
管理費	8.00%
購物中心	
管理費	6.00%
停車費	
小計	

　　1. 重置預算：五年後，每三年 NOI 1%、每五年 NOI 5%。

2. 管理費收入：約等於租金收入的 6%～10%。例如租金每坪 3,000 元／月、每坪管理費為 180～300 元／月。此部分為租金以外額外收取。

3. 管理費支出：管理費的支應，由物管公司執行的部分，占管理費收入約 50% 以內，其餘保留帳上做資本支出備抵。

4. 地價稅、房屋稅：根據政府網站設算第一年費用；房屋稅依直線折舊逐年遞減；地價稅則因土地增值逐年上漲。

5. 保險費：帳面資產總額之 0.04%～0.08%。主要為商業火災保險，以及公共意外保險。其他例如營運中斷險，費率較高，也較不普遍。

三、投資報酬

1. 計畫投資報酬率：稅前6%～10%，因興建成本而異。

2. 回收年（Payback Year）：十六到二十年。

商辦的投資報酬率很穩定，只要簽訂了優質租戶，就能從前端避免不良租戶違約的風險。好的管理反映在收入與支出預算管控上，因此需防範提前終止合約所造成的不穩定現金流量。

第七章

購物中心的投資與
營運管理

SUMMARY

Chapter 7. Shopping Mall Investment and Management

Shopping Mall first emerged in the U.S in conjunction with suburban sprawl. A community population of 100,000 can support one Shopping Mall in the U.S, and 200,000 population can support one Shopping Mall in Japan. A commercial district is defined by 25 min car-ride. In Taiwan, Shopping Mall development arose in the 1990's after to the enactment of 'Commercial and Industrial Special Zoning' which triggered the growth of mega commercial developments in the suburbs. This trend went hand in hand with High-Speed Rail (HSR) development, which spurred the growth of Outlets and Retail Centers in HSR stations. This trend was further propelled by the rise of internet shopping with sub-urban logistic centers. In retrospect, Shopping Mall Outlets grew not necessarily by GDP growth, but more so by economic cycle, by ways of consumption, and urban center expansions.

7.1 Shopping Mall is planned with a path in the center. The path that facilitates to-and-fro circulation that leads to ending anchor stores on both ends becomes an organization spine for retail shops. Shopping Mall prefers horizontal roll-out plan, instead of vertical stacking. The higher the floor, the less rent received by the Mall operator. The big, medium and small shops come in 300-500 ping, 100-300 ping, and 100 ping respectively. The big ones are the anchor stores, the medium one are located at nodal points of repose, the small ones connect the big and medium stores. The service core is hidden behind the retail shops in secondary zone. Service core takes up about 10%-20% of the gross area. In vertical floors, sight lines are to be maintained via cutaway floors in the ratio of 1:2:3 (corridor width: floor height: cutaway width) so as to make two adjacent floors above and below within sight to draw up the crowd. In recent years, Internet shopping comes alongside physical shopping and helps to build a vibrant cloud community.

7.2 Operation Plan (OP) begins with Business Plan (BP) which is comprised of Strategic Occupancy Plan (SOP), Operation Plan, Marketing Plan (MP) and Capex Plan. SOP, by way of zoned classification of tenants, points to potential adjustments in the next 3-5 years. OP focuses on operational issues; MP relates to brand reinforcement events to drive up sales, and Capex is related to hard asset renewal. There may be other plans but they should fall under these four categories. From the Mall operator standpoint, he/she needs to be on top of retail trend, to learn about the new joiners and up coming changes. They will regularly follow tenants' performance to discern growth or decline, develop members database and build internet platform. They are on the watch-out for premise improvement and competitors' moves. From tenant standpoint, they will watch out for business opportunities, collaborate with Mall operators on joint-marketing on special events and festivals, and abide by premise rules.

7.3　Mall Leasing is not much different from Office Leasing. But there poses a greater challenge when the Mall first opens for operation. Prior to official opening, there is a soft-opening period wherein more than 80% of tenants have openned for business. At pre-leasing, Mall Operator will shortlist and secure tenants in phases. The anchor stores first, followed by mid-sized stores and small stores so as to reach optimum retail mix. The biggest challenge when first openned is none other but fit-out work, when all the stores are doing fit-out together. Rent wise, a combination of base rent and business turnover is charged on all the tenants. This could only be done after some negotiations, and proper authorized approvals obtained.

7.4　Mall Financials consists of personnel overhead, as well as leasing agent fees. Unlike office leasing, Mall retail leasing demands communications to intricate level prior to case submittal. Thus, personnel and agency fees take up a certain portion of P&L. Based on my experience of a successful

Mall, anchor store turnover charge is 12%-18%, power centers at 8%-14%, mid-sized retail stores of cosmetics and accessories at 15%-22%, small retail stores at 18%-26%. Revenue is measured by NOI. NOI is roughly 68%-88% of revenue. The NOI percentage is higher in Mall compared to Department Stores.

購物中心是一個因應美國市郊區（Sub-Urban）中產階級住宅區發展而興起的土地開發現象，1950 年代起在美國快速興起。本著「一站購足」（One-Stop Shopping）的目的而規劃將零售店面集中在一處。日本的情形，則是因戰後經濟起飛，於 60～70 年代，人口從都市外流，衛星市鎮沿著高鐵車站興起。依據日本相關的研究，美日的購物中心室內使用坪數介於 1 萬坪至 1 萬 5,000 坪，主力商店有量販店、百貨公司和折扣商店。商圈人口距離在 25 分鐘車程內，每 10 萬人口（美國）或 20 萬人口（日本）可設置一間。

零售商店早已存在人類歷史中，伴隨著都市的成長和經濟需求而興起。台灣的都市零售，傳統上以開放市集為主，國民政府來台後，1970 年代經濟起飛，市區內百貨公司林立。早期分為本土系和日系百貨。市郊的大型購物中心發展，是拜政府於 1990 年代積極推動「工商綜合區」，將購物中心納入獎勵開發的項目當中。購物中心的興衰證明了台灣人的零售消費習慣仍是都會核心區型，沿著高鐵與捷運網絡發展至市郊的購物中心，最近十年更轉型為 Outlet 模式。近兩三年因疫情之故，電商網路購物增加，消費明顯轉為倉儲配貨到府模式，一度讓實體零售店面相當低靡。

回顧過去三十年，實體購物中心的發展未必與經濟能力GDP 有關，而是與景氣、人們的消費習性、都市的發展以及商圈的遷移有關。購物中心的成功，絕大多數取決於商圈的集客性，也就是自身的經營模式及定位。

　　本章架構與上一章相似，聚焦在規劃和營運所創造的價值上。以下從規劃、營運、招商與租約、財務評估與決策等四方面，介紹購物中心的關鍵成功因素。

第一節　購物中心的規劃

　　購物中心是仿室外零售街道規劃而成的室內空間，透過有效的安排和規劃，提高零售店面的可及性和營收。購物中心與 A 級商辦相同之處，在於同樣講求室內恆溫高品質空間的營造，藉以吸引商家和群眾留駐，獲取收益。A 辦與購物中心兩者同樣都以租金為營收來源，但在規劃上卻完全不同。

　　購物中心首重動線和視覺牽引，它以「去、返」為主要動線，串聯沿線的零售店面；商辦則是力圖縮短動線，將空間集中化。從消費者的觀點看來，購物中心消費者偏好水平空間，越高的樓層越不利集客，租金也越低；辦公空間則相反，租戶偏好垂直量體，越高的樓層租金越高。惟台灣的購物中心有「百貨公司化」，當零售量體達到 5、6 樓以上時，就是達到一個尷尬的轉換點。因此台灣的購物中心經常在中高樓層加上大型主力商店，例如誠品、蔦屋書店、健身中心、影城和餐廳等。若取樣中高樓層以下的標準購物中心，例如台北 101、遠企購物中心和曾經存在的台北京華城，仍可將重要的規劃課題做一歸納如下：

一、兩端主力商店與線型零售商店（Endpoint Anchors and Retail Strip）

購物中心是一個入口到出口的室內過道設計。它的課題是要將行人吸引進來，從一端走到另一端，過程中消費。這種「沉浸式」或「體驗式」的消費模式，有別於目的式的網路購物；它能透過暗示、吸引、體驗，勾起原本不存在的消費欲望。

端點的店面吸引人一路往前行，也是撐起中間過道線形零售商店的磁石。倘若缺乏兩端的吸引力，消費者就不會來回閒逛，多半只是坐著享受設施；銜接兩端的中小型零售店面，就會因缺乏顧客，導致生意不振。了解基本的經商模式之後，流暢的動線和吸引顧客的視覺，便成為購物中心設計的重點。

面積配置分為大、中、小型三種商店面積。大型店約300～500坪，一般為主力店，設在出入口附近，偶有多層設計。大型店的後方要連通至服務走廊，以利進出倉庫搬貨。中型店約100～300坪，通常位於動線轉折節點上的中庭或餐飲區周邊，容易吸引消費人士的注意力和停駐。而小型店為100坪以內，是安插在大型店與中型店之間。

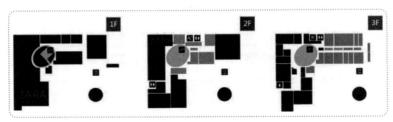

台中市老虎城

二、服務動線與商店，猶如「骨幹」與「肉」的關係

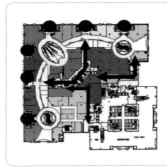 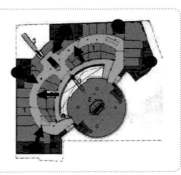

台北 101 購物中心　　　　　　台北京華城

服務動線包括了垂直動線，還有隱藏在走道和租賃店面的後方，俗稱後場的空間。此處有收銀結算、出納、資訊網路間、機電維修間和倉儲空間等。大約占當層樓地板面積的十分之一至十五分之一的比例，形成彼此連貫的後場服務動線。

前方店面的延續性越大，則越能吸引人停駐瀏覽，但這麼做的困難度不低，因為要努力的將機電、廁所、緊急逃生等缺口，集中化以降到最低，這需要設計功力。

三、無遮蔽視線（Sight Lines）

　　垂直剖面空間藉由挑空樓層，以跨樓層的無遮蔽視線，將人帶往樓上或樓下的店面。設計的手法，是要讓對角的廊道，以上二層下二層產生視覺延續。但經常發生挑空的距離不夠寬，以致於效果不彰，看不見對街店面的招牌和櫥窗。因此，走道的寬度：樓層的高度：挑空的寬度，應維持在1：1：3左右，較為合適。縱向的挑空越寬，越為有利；樓高與走道的比例越大，也越為有利。

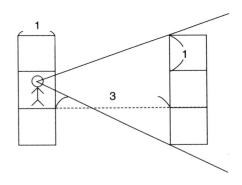

四、大數據行銷與線上購物

　　利用雲端科技，例如 Wifi、LINEPAY 或下載購物 APP，將消費的數據即時彙整分析，以了解消費者的習性。這部分資訊結合了會員網路行銷與線上購物，將消費足跡徹底地掌握。

第二節　購物中心的營運管理

　　營運管理有既定的步驟，首先是擬定年度營運計畫（Business Plan），從計畫推估營收和支出的各項數值，前一年經由董事會核定。營運計畫的背後，是多項期程內的執行計畫。

　　1. 招商策略藍圖（Strategic Occupancy Plan, SOP）：根據商家業種的配置以及營業額度，制定的中長期計畫。

　　配合購物中心的客層與定位，汰換營收衰退的商家，同時策略性引進新商家。持續締造話題，讓購物中心保持新鮮感。

　　2. 營運計畫（Operation Plan, OP）：營運收入和物管支出的匯集；商場營運計畫也包括物管轄下的資本支出和營運採購。

　　3. 行銷計畫（Marketing Plan, MP）：與租戶商家洽談妥全年的行銷計畫，創造主題的商場行銷活動計畫。這包括內部消費者（會員）行銷與外部消費者的行銷。

　　4. 資本支出計畫（Capex Plan）：例行性維修和重點裝修預算。

一、房東營運觀點

　　1. 招商趨勢：隨時留意新的購物中心發展新知、新的業種商家，了解消費趨勢和消費族群。營造強而有力的商場，需仰賴持續更新新的話題商家。購物中心營運者需要經

常性主動招商，主動出擊，而不是被動等待。

　　2. 商家營收追蹤：追蹤各商家的營業額消長，了解箇中原因。確認是否個別廠商有移單情事，了解商家整體業績情形。

　　3. 推動網路購物：與時俱進的線上線下營銷，是疫情期間逆勢成長的方法。透過此途徑，可同步經營會員社群，提高忠誠度。

　　4. 留意購物環境的各個細節：包括安全、舒適、便利性、服務、指引標示、停車以及商家服務等，適時改進。

　　5. 留意競爭對手動向：新加入者的商場定位，對手的招商策略。有效協助商家入駐裝修，以利如期開幕營運。

二、租戶營運觀點

　　執行品牌全年的營運績效目標。留意新商家的入駐對自己營業額的影響。規劃與房東共同的行銷活動，定期配合房東的營運，執行年度公共安全申報。

第三節　購物中心的招商與租約

　　商辦的 SOP，是以垂直的「層疊圖」（Stacking Plan）示意策略樓層。而購物中心的 SOP，則是以平面色塊配置（Layout）為主。

　　新完工的商場，開幕前的招商與工程、裝修與收尾，是同時展開的。如下圖示，開幕前三年展開招商。先遴選商場

營運總顧問，研擬商場定位和營運計畫，然後將此計畫回饋
給建築師將初步設計定案。爾後準備全案工程預算、資金架
構，向銀行申請融資。

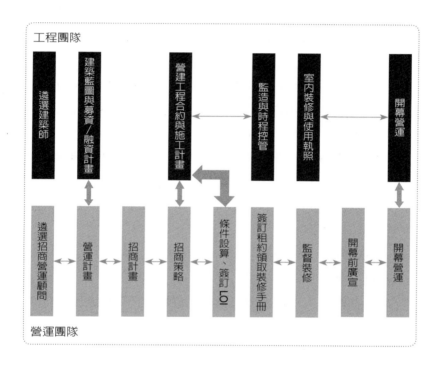

接著根據營運計畫制定招商計畫、招商策略，接洽主力
商店洽談條件，並簽訂承租意向書（Letter of Intent, LOI）及
預租合約。租戶可進行裝修設計與施工，並且與房東同步申
請使用執照，同時開幕。

由於各家廠商的裝修工程未必能同一時間達標，因此甫
開幕的購物中心，會有一段試營運期，待完全上軌道後，再

盛大開幕。招商的步驟有：

　　1. 優先鎖定大型、主力商家（Anchor），爭取設立旗艦店，帶動話題和周邊商家入駐。

　　2. 談判以固定租金搭配抽成。在某些情況下倘若以抽成為主，商家必須承諾一定金額之營業額，承諾裝修和全年行銷活動配合。

　　3. 制定招商策略，確保各商家業種的落點。中型和小型商家的配置，各樓層的定位，以確定設計和動線能將人潮順利引導到預計的空間和樓層。

　　4. 零售商家的設計與裝修，須與商場的使用執照申請同步（Interior Design and Occupancy Permit, IDOP）。

　　5. 依據簽訂之合約與 LOI 修訂營運計畫和預算，並製作垂直與水平區劃。

　　垂直區劃：1F 鐘錶與珠寶＆化妝品、2F 精品（女性）、3F 精品（男性）。

　　水平區劃：以深淺色塊，依據空間和走道所框出可租面積，進行選商優先順序。洽商時須注意零售店面之連續性、和諧性，以及品牌定位相容性，另需考量倉庫區。

　　執行的先後順序上，以入口處的主力商店優先洽談。引入旗艦店或主力商家，有助於帶動其他店面進駐。LOI 的重要條款：

　　1. 租金計收方式：制定固定底租加抽成時，需了解商場的客層定位和預計年營業額，以掌握營業額的抽成級距，

以及抽成百分率。俗稱包底抽成，是在固定租金以上，當營業額達一定程度時，利潤分享的模式，計算基礎是營業額的百分率。一般精品抽成為 16%～25% 不等，端看洽談結果。某些集客率高的商家，具有談判優勢，出租方會更有彈性看待抽成，甚至以補貼裝潢的約定，引入商家。

2. 裝修管理：裝潢時程、裝潢期間雙方之權利與義務、免租裝潢期、管理費、施工配套等，包括廢棄物回收、進貨儲存區、施工安全與週末／週間施工時段。

3. 行銷：預計開幕日期、廣宣與邀約。同時會訂下開幕折讓的百分比。

第四節　購物中心的財務評估與投資決策

投資的成效，取決於投入成本和未來的營運獲利。

投資期間的淨現金流出可分為「直接成本」和「間接成本」。直接成本在第三章、第四章已談論過，主要是營造成本。另有建築設計顧問費、開辦費等間接成本。間接成本中，尚有營建貸款利息，以及「招商總顧問費」和「人事成本」。商場開幕前的招商顧問費，依服務範圍，占總工程費用 1%～2.5%。另招商相關的人事成本、廣告、宣傳、差旅、律師費用，還有宣傳期間的相關仲介費。因此，購物中心的開幕營運，較辦公大樓的開幕營運，更具挑戰性。但聘請專業顧問可奠定日後幾十年的競爭優勢，也是一項必要的投資。

　　台北 101 在開幕前，曾聘用澳商 Lendlease 擔任總顧問，針對購物中心內裝和定位，給予意見。這家公司本身是購物中心開發商和營運者，在英國倫敦近郊的肯特，有一個超過 300 間店的購物中心 Bluewaters，開幕至今已超過二十餘年，績效口碑皆佳。近幾年也拓展到中東的杜拜，開發住宅休閒的島嶼。Lendlease 憑著過去的營運績效，在興建之初的參與，奠定了這間超過 150 間店的頂級購物中心的領銜地位，以及往後幾十年的營運立基。

　　一般商場的獲利主要來自租金和營業抽成，比重各約 50%，購物中心的經營，可分為大型主力商店、中型商店、小型商店，租金因樓層高度和距核心區遠近不一，其抽成概略如下述：

　　大型主力商家又為 Anchor，抽成比例從 12%～18%，但倘若是量販店、書店或影城，則可能略低，在 8%～14% 區間。

　　中型商家有服飾、雜貨、美妝、珠寶等，抽成從 15%～22%。

　　小型商家爲精品、服飾、輕食、餐飲等，抽成從 18%～26%。

　　乍看似乎面積越小，抽成越高。但實際運作上，業種生態決定了抽成比例。例如 3C、珠寶首飾類爲高營業者，抽成可分階，例如一定營業額以下，抽成約 15%～22%；達一定營業額時，則以 > 20% 抽成做利潤分享。

　　甫開幕的商場，仍待奠定名聲，因此談判的折讓要有彈性。經過幾年建立口碑具有品牌性後，例如 SOGO、微風，待進駐廠商大排長龍，房東可以拉高洽談條件。

　　購物中心的投資獲利，同樣是以稅前營業淨利。這是以總營業收入爲基礎，一層一層扣下成本與費用：

　　營業毛利率：總營收之 98%。

　　營業費用：總營收之 10%～30%。銷貨折讓和各樣費用（取決於商家的經營模式）。

　　營業淨利：總營收之 68%～88%。不包括利息和折舊的費用。

　　購物中心的獲利高達八成，比較起傳統的百貨商場（往往是 10% 以下），高上許多。這是自營商和當房東的獲利結構的差異。

　　經營購物中心不只是單純的投資行爲。這伴隨了個人的志趣，對品牌和流行時尚的喜好，當然也包括了對「美」的信念和經營社群的熱情。

第八章

飯店的投資與營運管理

SUMMARY

Chapter 8. Hotel Investment and Management

Normally, hotels fall broadly into three types—business hotel, city luxury hotel, resort hotel. International brand hotels undergo categorical adjustments periodically.

8.1　In the past, brand hotels are known as luxury city hotels, now they are known simply as hotel groups catering to different categories of customers, using a common IT system accessing a common membership pool. This membership pool gives hotel groups the advantage to expand overseas and to engage in business collaboration. The Marriot International Group, after merging Starwood in 2016, has now become the largest chain hotel group in the world. There are also Hilton, Hyatt Group, Intercontinental Group (IHG), etc..

8.2　Hotel development is usually undertaken by the landowners/ developers. In recent decades, chain hotel groups no longer undertake joint-investment with hotel developers. They now assume only the operator role and charge a management premium over gross revenue for hotels under management. In Taiwan, international hotel certificates are issued by Ministry of Transportation. Developers will follow through a three-tiered development review for any new establishments—central government, provincial government (non-urban land), and local government. There is a development approval process prior to by building permit application. For non-urban resort hotels, it means an additional Environmental Impact Assessment (EIA) to be submitted to Environmental Protection Authority (EPA). Chain hotel groups have the expertise in planning and design. The local architect will prepare design drawings in accordance to hotel expert's opinion and abide by local law. The management LOI may be comprised of professional fees on two levels—one as technical consultancy fees, the other as management franchise fee of 2%-5% charged against Gross Operating Revenue (GOR) plus incentive fees charged on stepped GOR % brackets. The know-hows of a successful hotel lies in many facets, particularly in design: circulation, elevator core, service zone, room types etc..

8.3 Hotel operator aims to operate with a steady cash flow. So they will make up for revenue shortfall in some resort hotels during weekdays by adding MICE business. MICE will bring in influx of hotel guests on weekdays and thus benefit F&B, and room income.

8.4 Hotel Financial Analysis for investment decision could be separated into three Revenue categories—Room Income, F&B, MICE & Others, each has different cost structure.

Room Income is worked out based on Occupancy rate. Room Income has the lowest cost of income. F&B has higher cost at 45%. Other than income, hotel requires good upkeep & maintenance. Hence, hotel operator will prepare an annual capex budget to be followed through. Of all the income properties, hotel with its high cost and high management expense leans on the lower side of profit-making. It takes 20 years at least to reach break-even payback.

　　台灣的觀光飯店主管機關爲交通部觀光局。在評鑑上，飯店分爲星級飯店、觀光旅館飯店、一般飯店。個別等級的差異在於規模大小、房間數、設施的等級。本章內容取自筆者實際承辦過的國際星級觀光飯店開發案的規劃與投資評估經驗。

　　法人投資業界，通常將飯店依定位分成市區商務型、市區五星級觀光飯店、五星級休閒渡假飯店等三大類。在品牌飯店近年推出不同收費等級和特色品牌的飯店後，這樣的分類，已經被逐漸打破。目前投資業者對飯店的分類，往往就以是否「委由品牌飯店管理」抑或「自己管理」認定。「品牌飯店」意味著有自己的 IT 管理系統、有自己的會員群體、有自己獨特的空間、設備、裝潢規格 Know-how，可以有效率的將自己多年的成功經驗，移植到海外地點。

　　國內飯店投資經營者，多年來也有成立自己的品牌，例如晶華飯店、國賓飯店、老爺飯店、君品飯店、華泰飯店、凱撒飯店等。並開拓不同類型的渡假飯店，例如礁溪老爺、華泰瑞苑、墾丁凱撒，並將經驗移植海外，最常見的是移至大陸地區。同時，品牌飯店的開發商和經營者，也有將觸角伸向飯店式公寓管理，例如福華和六福，或將自己在飯店公共設施的經驗，移植到住宅銷售案場，例如鄉林建設。

　　以下扼要介紹一些國際飯店品牌轄下的各級品牌。

第一節　國際品牌飯店（參考維基與該集團網站，2022.6）

一、喜達屋飯店（Starwood）

　　成立於 1980 年代的美國，旗下有十個飯店品牌，分別為：威斯汀（Westin）、喜來登（Sheraton）、瑞吉（St. Regis）、W 飯店（W Hotel）、艾美（Le Méridien）、豪華精選（The Luxury Collection）、Aloft、Element、Tribute Portfolio、Design Hotels，前五個品牌在亞洲較為人知。2016 年喜達屋由萬豪國際（Marriott International）收購，合併後成為全球最大的連鎖酒店。集團最頂級的飯店各有特色：W 飯店針對年輕都會客層、艾美源自法國中高層消費的代表。後五者規模較小，走特色主題路線（環保與設計風）。

二、萬豪酒店（Marriott International）

　　成立於 1920 年代的美國，首家酒店於 1957 年在美國華盛頓市開業。酒店在 2016 年收購喜達屋飯店後，成為擁有 6,700 家酒店以上的集團。經整理喜達屋旗下的品牌後，萬豪將酒店分為五類：奢華、高級、精選服務、長住酒店、典藏。前三類再概述如下：

　　1. 奢華：瑞吉酒店及度假村（St. Regis Hotels And Resorts）、麗思卡爾頓（The Ritz-Carlton）、JW 萬豪酒店（JW Marriott）。

　　2. 特色奢華：W 酒店（W Hotels）、豪華精選酒店

（The Luxury Collection）、寶格麗酒店（Bulgari Hotels And Resorts）、Edition 酒店。

3. 經典高級：萬豪酒店（Marriott）、喜來登酒店（Sheraton）、萬豪度假會（Marriott Vacation Club）、德爾塔酒店（Delta Hotels by Marriott）。

4. 特色高級：艾美酒店（Le Meridien）、威斯汀酒店（Westin）、萬麗酒店（Renaissance Hotels）、蓋洛德酒店（Gaylord Hotels）。

5. 經典精選服務：萬怡酒店（Courtyard by Marriott）、福朋酒店（Four Points by Sheraton）、SpringHill Suites 酒店（SpringHill Suites by Marriott）、Protea 酒店（Protea Hotels by Marriott）、萬楓酒店（Fairfield Inn & Suites by Marriott）。

三、希爾頓（Hilton Hotels & Resorts）

1940 年代創立於美國的全期品牌，全球約有 5,000 間飯店。旗下品牌有：Waldorf Astoria、Conrad Hotels & Resorts、Canopy、Curio、DoubleTree、Embassy Suites、Garden Inn、Hampton、Homewood Suites 等。

四、君悅飯店（Hyatt Hotels）

旗下品牌有：Park Hyatt、Andaz、Grand Hyatt 等。

五、洲際飯店（IHG）

旗下品牌有：Crowne Plaza Hotels & Resorts、Hotel Indigo、Holiday Inn Hotels & Resorts、Holiday Inn Express 等。

　　其他尚有東方文華集團、阿曼集團、四季飯店、Accor 集團的 Sofitel 等，各有各的特色。近二十年來，許多飯店轉以經營 Know-how 取得特許經營權，不再斥資興建自己的飯店。

第二節　飯店的籌組架構與規劃

　　業在專精，國際品牌在準備進入一個市場時，會找建商合作，由建商負責興建，自己則負責提供技術指導和日後營運。20 世紀中葉，當飛航已成為可行且低廉的交通工具，工業化的快速進展與價格競爭考量，加速了全球分工趨勢。飯店成為商旅人士的住宿據點。品牌飯店的興起，代表市場需要跨國跨洲的規格住宿。但如今工業化國家的人口成長速度趨緩或停滯，飯店市場在 21 世紀已進入盤整的局面。加上 2020 年的全球疫情導致旅遊經濟萎靡，未來飯店的經營者勢必要調整一番。飯店業者早在十年前就見到成長衰退的趨勢，在一些土地和建造成本高昂的國家，業者已不再投入資金，而轉以類技術入股的方式，賺取經營權利金。一方面避免集團被沉重的資產和負債壓的喘不過氣來，另一方面收入結構改為顧問費收入，可大幅提升獲利。

一、申請飯店的興建許可

　　一個能適合五星級飯店開發案的基地，在本地已屬不易；倘若又具備無敵景觀，那就更稀有。飯店投資者針對建

地構思可行方案時，鑑於飯店每坪造價遠高於商辦（房間裝潢費頗高），獲利遠較住宅銷售個案為低，且回收期長。因此，飯店的投資興建者，多不是著眼於市場及獲利考量，而是策略性發展新業務，也可順勢布局企業接班計畫。

　　飯店的主管機關為交通部觀光局。縣市政府建管單位核發建照，觀光局負責核准國際觀光飯店執照。飯店在設計時，需要參考合作品牌飯店的設計規範，並與縣市政府建管單位溝通再三。有時位於非都市土地的建案，若需要進行地目變更和整合，還需要進行開發許可與環境影響評估，從內政部、行政院到地方政府，經過層層審核。建照審核時，建管單位將會同觀光局、中央和地方局處會審。全案通過後始可開工。

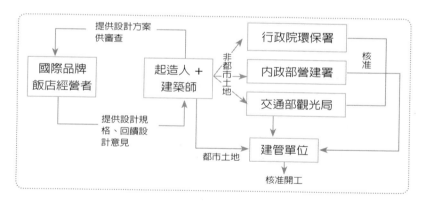

　　上述流程分為都市土地與非都市土地二類。

　　都市土地者，直接洽觀光事業主管機關和縣市政府建管單位，由建管單位會同觀光局會審。案較為單純，只是土地價格高且取得不易。

　　非都市土地者，例如位於風景區的渡假飯店開發案，土地價格雖屬低廉，但因涉及國家公園轄屬申請程序冗長。符合地目使用者，可提送開發計畫和環境影響評估給內政部營建署申請開發許可，經核准後再轉向縣市政府建管單位申請建照。這個流程從開始到完成，少說三、五年。曾有渡假飯店（2013 年左右的台東美麗灣渡假村）經地方政府核發建照，先行開工後擬後補環境影響評估，結果引發縣民與環保團體的不滿與抗議。最後由縣府以 6.29 億元買回開發案土地與建物，全案告吹。由於冗長的開發流程，多數國際品牌飯店業者，對於擔任投資開發商，興趣不高。

二、品牌飯店的營運合約

　　國際品牌飯店，一般會採至少二種合作途徑，在開發初期簽訂營運合約或加盟合約。兩者都是技術抽成的顧問合約，差別在抽成比例；加盟合約的抽成較低，開幕營運後按年從營收中撥付款項支付。營運合約的服務內容包括開發初期的設計諮詢、推薦建築師或室內設計師、審核圖面提供技術顧問意見、營運空間需求（房間數、餐廳數、會議空間、後場與服務設施等），以便推估未來營收。

　　合作意願書（Letter of Intent, LOI）其內容作為日後簽訂的管理合約依據：

　　1. 服務內容：提供開幕前技術服務。

2. 開發里程碑：開發許可核准日期、建照取得日期、融資核准日期、使用執照取得日期、開幕營運日期等。

3. 營運費用：基本費用 2%～5%，基礎為總營收（Gross Operating Revenue, GOR）。

4. 鼓勵性費用：有幾種方式，一種以營運獲利（Gross Operating Profit, GOP，為 GOR 之 20%～40%），依業務達成級距，給付鼓勵性費用，額度約 GDP 之 7%～12%。

5. 顧問費用：開幕之前的技術服務費、設計審核費等，總計上千萬元。依耗時多寡調整。

三、開發案量體與配置

建築配置決定了飯店的景觀、最大房間數、入口動線、各樣服務動線等，也決定了房間面向和採光的品質。因此，建築師高明與否，就顯得很重要。有經驗的建築師能快速勾勒一個高明的案子，遵循下列幾點定案：

1. 車行入口：對於休閒渡假飯店，這是關鍵因素。一方面要遠離塵囂，一方面又要有景緻，而且車行道路從客房的角度來看，要是隱形的。

2. 服務動線：廚房進貨與洗衣間的裝卸位置，這部分天天都有貨車進出，倘若規劃不好，會對房客產生干擾。

3. 主要設備的位置：全區供水箱的位置、汙水處理和淨化設備、垃圾集中點、高低壓變電設施、不斷電系統（柴油車供油）等。

4. 電梯和梯廳的位置：從入口行李區，一路到登記櫃檯，是飯店最主要的動線。沒有配置妥當，將造成走道空間的浪費。

5. 餐廳和廚房的位置：各餐廳的座位數估算，全日型餐廳為早餐供餐處，必須是住房人數的七成座位。另外需設置西餐廳、中餐廳，總共二到三個餐廳，外加上 Lounge。餐廳需考量廚房的配置，會議的情形和動線，以對應平日和假日的人潮使用。

四、特殊規格配備與規格設計

品牌飯店有自己的規格房間，依照收費檔次配置。雙人房與單人房的比例房數、套房間數、身障房配置，以及是否規劃總統套房等考量，這些會因基地的大小有些許修改。房間數對應品牌等級，奢華高檔的品牌，房間數最少需要 100 間左右，主要是因為人力配比。餐廳、Spa、健身設施、泳池等基本配備，需要一定的房間數量，才能達經濟規模。

品牌飯店會要求建商設置至少一間身障特別房。也會希望建商能提供品牌飯店派駐營運的經理專屬 15 坪左右的套房一間。

品牌飯店的消防與供電規定，有時較本地法規嚴格。不斷電系統亦同，通常要求 N+1 或 N+2。另外有電梯載重 1,000 公斤規定，2 套以上電梯（貨梯與客房梯可交替使用）總面積至少 4 坪；茶水設施每 80 坪設置一處等規範。

　　另外還有餐廳與廚房的空間配比，廚房特殊服務動線。一些淨高限制，例如宴會廳淨高 4 公尺、廚房與洗衣間淨高 2.5～2.7 公尺等，都考量到運送機具的高度限制。

　　技術顧問不僅是平面規劃，也包括視覺、色彩和裝修，必須符合品牌飯店的基調。近年來也加上綠建築和環境保育、在地人文考量的特色。曾耳聞開發商與品牌飯店拆夥，原因為品牌飯店堅持一定檔次的衛浴設施、內裝等，以致於成本高築，獲利無望。

　　盛傳飯店房間成本，除營建成本以外，還須加上裝潢成本約 15～20 萬／坪。因此飯店投資，屬於高門檻低回收投資。2020～2022 年間新冠疫情嚴重，許多業主傳出財務危機，例如甫開幕之東方文華，有業者甚至宣布局部或全部歇業，或延後開幕。

　　飯店興建成本高，而營運費用包括水電、人事等亦不低。因此壓低前期成本，以混合事業體經營，是開源節流充實資金的好方法。例如部分樓層經營飯店，部分樓層為商辦對外招租，可增加現金流量的穩定性。惟在興建之初就要設想好，否則日後難以「穿衣修衣」，個別房間對機電系統和空調系統迴路的特殊需求，將更難為之。商辦和飯店客房的規劃，差距頗大。商辦經常使用的水冷式空調系統，在每一間飯店客房都要能控溫的需求之下並不適用。

第三節　飯店的營運

一、平日與假日營收

　　都會商務型飯店，以平日商務旅客為主要客層。洽商的人都是平日造訪下榻，到了假日，缺少旅遊人次。但休閒度假飯店則相反，這些飯店假日一房難求，但平日門可羅雀，因此業者會發展平日的優惠方案，以拓展消費的客層，增加營收：

　　1. 提高週間設施的收入：週間下午茶、Spa、泡湯等。也有業者販售飯店設施和餐飲的 Club 會員，鼓勵平日造訪的人次。例如圓山飯店、晶華飯店、君悅飯店，皆有這類的會員制。

　　2. 善用渡假飯店的觀光休閒資源，於週間集客：這種週間 Get Away 的小泊方案，目的地是著名的區域景點。北部有北投、陽明山和烏來的飯店；中部的山區和日月潭飯店；台南及高雄的都市景點等，都強打特色效益，增加週間的收益。

　　3. 加強餐飲以提高營收：缺乏觀光資源的都會飯店，拜網路購物之賜，可推出季節性禮盒和外賣服務，營造口碑。餐飲服務經營出色的，營收可占飯店總營收高達四、五成。也可創聯名品牌銷售。

二、MICE 會議與住房

　　飯店的 MICE，即「訓練會、促銷方案、大型會議、展

覽會」（Meeting, Incentives, Convention, Exhibitions），可吸引 2 日到 1 週的住房客，同時提高住房和餐飲的收入。MICE 也可提升飯店的知名度，擴大客層。因著高鐵的便利性，台灣的熱門會議地點，拓展至觀光景點，例如宜蘭、花蓮、台東，日月潭、墾丁等。近年來搭配都市旅遊，台中和台南也是不錯的選擇。

　　講求個人銷售通路的直銷業者，對於這類的 off-site 會議是非常重視的。休閒飯店經營者，為了方便舉辦 2～3 日的全日型會議，往往會堅持要一定規模的會議室和全日餐廳的空間配置，以致於會議空間占據飯店相當大的面積。此類產品在定位時，先要做足市場調查，否則日後難以改裝。

　　MICE 場地最普遍大宗的使用，是婚宴的舉辦。渡假飯店能營造外國的氣氛，除了喜宴以外，亦能提供配套的婚禮服務，例如婚紗照、蜜月套房、景點巡禮等。當搭配結婚週年紀念的宣傳促銷方案，就更能吸引到全年到訪人次。

三、行銷管道

　　飯店的經營，無論是團體（Group）或非團體（FIT）住房、餐飲或會議，都必須異業結盟，才能有利於行銷。

　　住房部分，要與觀光業者合作，舉凡旅行社、電商平台、旅遊網站、雜誌出版社、主管機關的網站露出，和主要宣傳活動等。

　　餐飲部分，與美食網站平台合作，廣告露出、透過電台與媒體經營排名和口碑。近年因米其林星級評等盛行，各大

業者無不嚴正以對，也有品牌飯店摘星，帶動大飯店消費的風潮。

　　會議室和俱樂部會員，需採行 B2B 行銷。透過與企業的人資部門接洽，可藉機強化餐飲、會員以及會議室租賃的營收。而維持與消費者和房客的關係，更是品牌飯店經營者的關鍵致勝的因素。

第四節　飯店的財務評估與投資決策

一、營運淨利（Gross Operating Profit, GOP）

　　這項概念上與前述辦公室和購物中心的稅前營業淨利（Net Operating Income, NOI）雷同，飯店的 GOP 績效再好，鮮有超過營收的 45%。

總營收（Gross Operating Revenue, GOR）＝客房收入＋餐飲收入＋會議室與其他收入
客房收入＝房價 × 房間數 ×365 日住房收入扣除客房非營業時段（Downtime）× 住房率

　　住房率的樂觀與否，端看市場面向，最主要是滲透率。這部分依據觀光局針對區域同類型同等級飯店的住房率，為主要參考。一般開幕年住房率約 50%～60%、較具競爭率的飯店住房率，約 70%～80%。超過 80% 可視為滿載。

> 餐飲收入＝每間餐廳每桌預期消費金額與翻桌率 × 空置率 × 營業天數

　　餐飲的成本約為 45%，直接扣除為有效營收（Operating Revenue, OR）。其他的收入，包括會議室、零售等。

　　於推估報酬率時，也可直接假設一 GOP，例如 35%。以此為預算，回推人事成本、水電開銷、修繕耗材費用等。

二、資本支出與翻新計畫

　　資本支出不應與修繕費用混淆，不屬於一次性費用的減項，而是以會計帳分年攤銷。實務上有時是三年（零件類），有時是五年（設備更換）。一般是以 GOP 的 1.5%、5% 為每一年和每五年的支出項目，每十年、二十年編列重大更新預算。

三、投資決策

　　飯店的公關不可少，除了安全管理和消防設備定期申報以外，還要定期向觀光局申辦評鑑。而飯店的資本支出，又較商辦、購物中心等收益型不動產為高。許多建商轉投資飯店，主要是考量提升團隊的裝潢能力，或晉升服務至頂級物管、餐飲、家管服務，讓品牌加值。飯店的投資報酬期限在二十年至三十年，屬於策略性投資，例如數公頃待開發土地，藉飯店開發帶動周邊的商業氣息或企業轉型的招牌。

第九章

個案介紹

　　台灣在 20 世紀末、21 世紀初，完成了幾個精彩的收益型不動產個案，爲國內的收益型不動產專業的全盛榮景，留下了紀錄。

　　以下介紹兩個代表性的個案，是筆者自己參與過的案子。其中台北 101 至今仍是業界翹楚，京華城則已於 2020～2021 年拆除。

第一節　　台北101

　　台北 101 可謂是台灣最出名的一棟建築物，網路公開資料甚多，且多位參與營建的顧問，也都曾發表文章刊登於專業期刊與國際會議。

　　筆者曾擔任台北 101 甫成立專案公司後的第一次及第二次現金增資的承辦人。在台北 101 營運滿十年後，筆者又被獵人頭公司網羅進台北 101 擔任大樓事業處總經理一職。2015～2018 年負責管理 101 大樓時，率領團隊於 2016 年申請到了全球 LEED 營運類最高分，同年度贏得「世界高層建築與人居學會」的「效能獎」（Performance Award）成就了我個人職涯的高峰。

　　主導此案的原始投資團隊，於 2022 年初出版《從 0 到101：打造世界天際線的旅程》，本節的財務數據乃引述此書。

　　眾所周知，超高層大樓的興建具超高難度，工期長、金額龐大、技術高，因此投資的風險也高。一旦工期延長，

會造成財務的風險。因此投資興建的考量，不僅僅是數字考量，更是躍升全球之冠的企圖心。20世紀的超高層熱潮中，興建了紐約克萊斯勒大樓、帝國大廈、芝加哥的 Sears Tower（已改名為 Willis Tower）大樓。這些興建超高層大樓的載譽，能傳百年以上。

投資超高層大樓的成功關鍵，在於執行力和時程控管能力，讓工程造價不一直追加，且在本地颱風、地震的情形下，仍要顧好安全和品質。如之前不斷強調的重點，收益型不動產要立於不敗之地，必須從前端的成本把關，避免成本墊高，才能有望長期營運獲利。

一、緣起

台北 101 在 1997 年 7 月由台北國際金融中心企業聯盟，以 206.8889 億元權利金取得設定地上權七十年的開發及營運權利。營運期間內，每年須付土地租金 2 億元給台北市政府，於 2066 年地上權期滿後，土地、建築物及設備，須無償移轉給台北市政府。[1]

1990 年是政府推動亞太營運中心如火如荼的年代，規劃藍圖有六大中心，「國際金融中心」為其中一項。[2] 跨世紀政黨輪替，亞太營運中心的藍圖，由「綠色矽島」發展藍圖所接替。本基地位於信義計畫區 A22、A23 街廓，產權屬國有

1　胡芝寧，《從 0 到 101：打造世界天際線的旅程》，台北，天下文化，2022 年，54-58 頁。

2　其他為製造中心、海運轉運中心、航空轉運中心、電信中心和媒體中心。

財產局，案經台北市政府都市發展局（筆者當時任職於第三科）都市計畫變更與公告，提高土地使用強度至 630% 後公告招標。本案和日後超高層大樓沿用的風洞環境規範，是筆者當年赴海外受訓後所撰寫的。

二、規劃設計

　　原始得標的設計是三幢大樓組成的方案，中間棟 66 樓、兩旁各 20 樓，總共約 1 萬坪的辦公空間；後來因故改成同一幢量體，高度達 77 樓；得標一年後於 1998 年最後拍板定案爲 101 層超高層大樓，高度 508 公尺，於隔年申請變更設計執行。[3]101 大樓的結構顧問委由吉隆坡國猷雙塔的結構設計者，宋騰添瑪沙帝（Thornton Tomasetti）和台灣的永峻工程；建築設計委由台灣的李祖原建築師，採八斗巨柱加上斜支撐的設計。量體配置分爲 4 層樓的購物中心，與 101 層的塔樓（位於東南角）。平面爲正四方形，座在 546 支深入地底岩盤（70～80 公尺深）的基樁上，本身爲抗震設計。頂樓設置風阻尼器二處，一處在 88～89 樓的圓球風阻尼器，另外一處在塔尖。

三、營運

　　台北 101 在 2003 年部分開幕營運（購物中心），一年後即 2004 年底，塔樓開幕。幾個月後觀景台開幕營運。2004～2009 年連續六年期間，台北 101 蟬連世界最高樓。

3　同註 1，69-72 頁。

2011 年，台北 101 成為世紀最高綠建築，獲美國綠建築學會（USGBC）頒 LEED 營運類（O+M）白金級，並於 2016 年獲同機構再認證 LEED v4 白金級全球最高分。

四、招商與財務

以租賃坪數計，辦公室量體為 5 萬 4,000 坪、購物中心達 2 萬 3,000 坪。

辦公室招商配合「國際金融中心」的邀標宗旨，進駐類別限制金融相關租戶要達 ≧ 55% 的總出租面積。因為九二一地震、九一一雙子星事件，民眾對超高層大樓看法趨保守，以致於辦公大樓初期招商不如預期。商場部分，整體招商雖經歷 SARS 疫情的衝擊，但開幕時仍是百分之百進駐率。

計畫總成本包括權利金 206.8889 億元、工程造價 580 億元，總計為 787 億元。完工後光是利息和折舊，一年就要 27 億元的費用。營運第五年後（2009 年）開始反虧為盈，2010 年出現盈餘，主要是靠出租商辦、購物中心、觀景台三部分創造營收。[4]

台北 101 的辦公室和商場在出租率和租金營收表現都非常亮麗，管理更是業界和世界高樓營運者取經的對象。當初主責投資興建的宏國集團董事長林宏明堅持，超高層大樓不能零賣分散產權，而要採單一管理單位，讓安全無虞的同時，運作上更有效率。[5]

4　同註 1，183 頁。

5　同註 1，211 頁。

第二節　台北京華城

　　本地大型購物中心的概念，溯至 1990 年代促進產業升級的理念。鑑於國內企業生產線外移後，所衍生廠房關廠、閒置問題，政府遂訂定「工商綜合區」法案，只要繳交回饋金，同時回饋三成土地作為生態綠地，即可將資產活化變現。因此，早期申請案件多半是傳產業者，包括歌林、黑松、環泥等。由於地處偏鄉發展受限，投資往往集中在都市土地範圍內。[6]

　　經濟部首次於 83 年 7 月 22 日頒布「工商綜合區開發設置管理辦法」，推動振興經濟方案。惟此法實施未滿七年即被廢止，改以「工商綜合區設置方針及申請作業要點」繼續沿用至今。都市土地達 5 公頃，非都市土地達 10 公頃，即符合此規範。本要點允許業者依照項目申請開發許可：綜合工業、工商服務及展覽、修理服務、批發量販、購物中心等五類。業者檢送財務計畫和可行性評估，向經濟部申請推薦，獲核准後 6 個月內向縣市政府建管機關提出開發許可、雜項執照及建造執照申請。

　　在 1990 年代甫推出此振興經濟方案期間，許多業者紛紛提出「工商綜合區」申請期望能點石成金，將工業區土地變更為商業使用，提高使用效益。桃園的台茂購物中心為第一個開幕的購物中心，同時間核准預備開幕的有桃園中壢的大江國際、台北京華城、新竹風城等。

6　風傳媒，2019 年 1 月 15 日。

一、緣起

　　台北京華城於 1996 年建照核准，1997 年開工，2001 年開幕，為都市內少見的「工變商」的開發案。基地原為唐榮鐵工廠的機械廠，屬工業用地。1991 年威京集團買下土地，並向台北市政府申請都市計畫使用分區變更為「第三種商業區（特）」（只能做商業使用，不能做住宅使用）。威京集團同意捐地三成（0.8 公頃）蓋「台北偶戲館」回饋市府。台北市政府於 1995 年通過此案，成為台灣首例由工業用地變更為商業用地興建商場的案例。

二、規劃設計

　　京華城是球體的設計，由美國捷得國際建築師建築事務所（The Jerde Partnership），以中國「雙龍抱珠」意念規劃設計。雙龍抱珠──L 型高樓包著一個圓球，結構上完全分開，僅以空橋連結。它創造了幾個世界之最：是全球最大球體建築物（直徑 58 公尺）及商場，地下室開挖深度約為 31.68 公尺（地下 8 樓），基礎深達 85 公尺，為台灣建築首創最深建築基礎結構，以 4 根巨柱載重，由美國 Ove Arup & Partners 結構設計。

　　然而，空間規劃的特色，也成為營運致命傷。威京小沈受媒體採訪時坦言說：「圓形的球體採特殊結構，造價高；賣場面積太大，維護成本及管理費也高；每一層樓的樓梯與上下層樓梯之間，銜接處都不在同一個位置，原本是要延長顧客在每一層樓停留的時間。結果造成視覺及動線無法一目了然，顧客常常迷路。」

三、營運

此獨特的開發案，開幕時的挑戰特別多。開幕前一年，原選定的招商顧問 Urban 離去，由京華城自行制定招商策略和市場研究。至開幕前一年，承租意向書（Letter of Intent, LOI）僅掌握了五成左右，距離定目標七成有點距離。

2001 年 9 月，京華城預定開幕時，受納莉颱風影響，地下營業樓層嚴重淹水，損失嚴重；同時消防安檢沒有通過，因而延宕開幕時間。同年 10 月 24 日京華城開業試賣，11 月 23 日正式開幕，2002 年初營運時發生火災，又遇到地震損失。種種不利因素影響來客數。

開幕時出租率達 98%，進駐商家近 700 家，但有半數是臨時櫃。2002 年第一個完整營運年，營收為 60 億元，但稅前損失達 5 億元，主因為固定費用龐大（折舊、人事和行銷等費用每月達 1.3 億元）。2003 年 SARS 疫情期間，靠局部改裝調整零售店面組合（retail mix），原本預估營收達到 72 億元，營業淨利可達 3 億元，但實際營收未如預期。全案的損益兩平（Break-even）營收約 70 億元。開幕八年後，2010 年 10 月，因人潮減少，Mira 球體百貨 10、11 樓的誠品書店撤出京華城。時至 2018 年，京華城百貨商場不敵巨大虧損，海內外招標求售，求售金額最初高達新台幣 380 億元，三次流標後於第四次由同集團中石化子公司鼎越開發以新台幣 372 億 1 萬元得標。

2020 年拆除地上物，預計 2023 年將開發頂級商辦園區。成本高昂的開發案，已經注定了後續每年高額的折舊費

用。2003 年開幕時的疫情，造成開幕頭三年營收不如預期，對後續影響頗大。耗時十五年打造的京華城，慘澹經營十八年後收場。熄燈時，沈慶京接受媒體採訪坦言，經營十八年來，光現金就賠掉超過 60 億元，若連折舊算進去，總共賠掉 130 億元。

四、財務

全案資本額 120 億元，另外貸款 120 億元，總計畫成本高達 240 億元。曾經的絢麗工程成就，如今深烙在台北市民的腦海記憶中。

家圖書館出版品預行編目資料

台灣收益型不動產投資與營運管理：建築
　專業跨領域學習的入門書／蔡清徽著.
　-- 初版. -- 臺北市：五南圖書出版股
　份有限公司, 2022.12
　面；　公分
SBN 978-626-343-567-4（平裝）

.CST: 不動產業　2.CST: 投資管理

54.89　　　　　　　　111019541

1K03

台灣收益型不動產投資與營運管理：建築專業跨領域學習的入門書

作　　　者 ―	蔡清徽（368.7）
發 行 人 ―	楊榮川
總 經 理 ―	楊士清
總 編 輯 ―	楊秀麗
副總編輯 ―	劉靜芬
責任編輯 ―	林佳瑩、呂伊真
封面設計 ―	王麗娟
出 版 者 ―	五南圖書出版股份有限公司
地　　　址：	106台北市大安區和平東路二段339號4樓
電　　　話：	(02)2705-5066　　傳　　真：(02)2706-6100
網　　　址：	https://www.wunan.com.tw
電子郵件：	wunan@wunan.com.tw
劃撥帳號：	01068953
戶　　　名：	五南圖書出版股份有限公司

法律顧問　林勝安律師事務所　林勝安律師

出版日期　2022年12月初版一刷

定　　　價　新臺幣380元

經典永恆・名著常在

五十週年的獻禮——經典名著文庫

五南，五十年了，半個世紀，人生旅程的一大半，走過來了。

思索著，邁向百年的未來歷程，能為知識界、文化學術界作些什麼？

在速食文化的生態下，有什麼值得讓人雋永品味的？

歷代經典・當今名著，經過時間的洗禮，千錘百鍊，流傳至今，光芒耀人；

不僅使我們能領悟前人的智慧，同時也增深加廣我們思考的深度與視野。

我們決心投入巨資，有計畫的系統梳選，成立「經典名著文庫」，

希望收入古今中外思想性的、充滿睿智與獨見的經典、名著。

這是一項理想性的、永續性的巨大出版工程。

不在意讀者的眾寡，只考慮它的學術價值，力求完整展現先哲思想的軌跡；

為知識界開啟一片智慧之窗，營造一座百花綻放的世界文明公園，

任君遨遊、取菁吸蜜、嘉惠學子！